KB073306

누구나 죽기 전에
꿈을 꾼다

DEATH IS BUT A DREAM: Finding Hope and Meaning at Life's End
by Christopher Kerr, MD, PhD with Carine Mardorossian, PhD

Copyright © 2020 by William Hudson, LLC
Penguin supports copyright. Copyright fuels creativity, encourages diverse voices,
promotes free speech, and creates a vibrant culture. Thank you for buying an authorized edition
of this book and for complying with copyright laws by not reproducing, scanning, or distributing
any part of it in any form without permission. You are supporting writers and allowing
Penguin to continue to publish books for every reader.

Grateful acknowledgment is made to reprint from the following:
"A Change of Address" by Dónall Dempsey. Reprinted with permission of Dónall Dempsey.

The Poems of Emily Dickinson, edited by Thomas H. Johnson, Cambridge, MA:
The Belknap Press of Harvard University Press.
Copyright © 1951, 1955 by the President and Fellows of Harvard College.
Copyright © renewed 1979, 1983 by the President and Fellows of Harvard College.
Copyright © 1914, 1918, 1919, 1924, 1929, 1930, 1932, 1932, 1935, 1937, 1942 by Martha
Dickinson Bianchi.
Copyright © 1952, 1957, 1958, 1963, 1965 by Mary L. Hampson.

"Stitches," words and music by Teddy Geiger, Danny Parker, and Daniel Kyriakides.
Copyright © 2015 Music of Big Deal, TG WorldWide Publishing, The Family Songbook, Danny
Clementine Music, Hold The Dog, and Megahouse Music. All rights administered by Words &
Music, a division of Big Deal Music, LLC. All rights reserved. Used by permission.
Reprinted by permission of Hal Leonard LLC.

This Korean translation published by arrangement with Christopher Kerr, MD in care of Penguin
Random House LCC through Milkwood Agency.

이 책의 한국어판 저작권은 밀크우드 에이전시를 통해
Avery, Penguin Random House와 독점 계약한 ㈜알에이치코리아가 소유합니다.
저작권법에 의하여 한국 내에서 보호를 받는 저작물이므로 무단 전재 및 복제를 금합니다.

Death Is But a Dream

누구나 죽기 전에
꿈을 ——— 꾼다

크리스토퍼 커,
카린 마르도로시안 지음

이정미 옮김

호스피스 의사가 만난
1,400명의 꿈과 죽음

RHK
알에이치코리아

꿈은 우리를 어떤 길로 이끌 것인가

남궁인, 《만약은 없다》 저자, 의사

학창 시절 프로이트의 논문에 큰 충격을 받았다. 프로이트가 인류 최초로 떠올린 발상의 놀라움 때문이었다. 그것은 꿈이란 존재를 정면으로 분석하며 시작한다. 사람들은 아침에 일어나서 꿈을 곧잘 털어버리지만, 프로이트는 그 꿈의 내용을 상기해서 차근차근 해석해 나간다. 일단 꿈은 무의식중에 일어난다. 우리는 자의로 꿈을 선택하지 못하며, 그 내용에 있어 자율적인 어떠한 의도도 개입할 수 없다. 하지만 꿈은 무에서 창조되지 않는다. 꿈에는 우리가 단 한 번도 보지 못한 물체나 상상해보지 못한 공간, 전혀 듣거나 알지 못한 사람이 나오는 일은 없다.

우리의 정신은 잠이 들어도 계속 활동해 꿈에 영향을 미치는 것이다. 또한 정신 활동의 일부가 잠에 새겨지는 강렬한 현상이

바로 꿈이다. 게다가 꿈에서는 감정이 느껴지거나 어떠한 생각
이 끼어들기도 하며, 일정한 경향을 지니거나 개인적인 성향이
반영되기도 한다. 고로 그것은 수면 상태와 깨어 있는 상태의
중간 단계이거나 우리가 살아온 일생의 거울이며, 무의식을 비
추는 한 형태이자 자신의 정신세계에서 구축한 내용의 일부이
다. 그렇게 꿈은 우리의 정신세계를 파악하는 데 결정적이다.
이러한 논리로 시작한 그는 결국 인류 최초로 정신분석학을 탄
생시켰으며, 현대 정신과학의 기틀로서 그의 논문은 아직까지
끝없이 연구되고 인용되고 있다.

　나는 이 내용을 기억하는 응급실 의사로 살았다. 그곳에서는
대단히 많은 사람이 찾아와 급박하게 죽었다. 그들은 내게 죽기
직전 몇 마디의 유언을 남기거나, 몇 개의 문서, 마지막까지 지
니고 있던 물품이나 휴대전화 같은 것들을 남겼다. 무엇보다 그
들의 가족들은 응급실에 찾아와 임종을 지키며 고인에 대해 몇
마디를 건네주곤 했다. 나는 유가족이 고인을 대하는 태도나 그
들이 남긴 물건으로 가만히 유추하며 그들의 인생을 어림짐작
하곤 했다. 하지만 너무 짧은 시간에 그 일들은 지나갔고, 이것
들로 그들의 긴 인생을 제대로 알기는 불가능했다. 나는 오래도
록 많은 죽음을 직접 선고했지만 항상 그들의 육체가 쓸쓸하게
죽어갔다는 것을 증명했을 뿐, 내가 도저히 알 수 없는 인생이
지나갔다고만 생각했다.

그리고 이 책을 만났다. 저자 크리스토퍼 커는 이선에는 심장내과 의사로 일했다. 그러나 그는 환자를 돌보던 중, 의사들이 죽음을 앞둔 사람들에게 "더 이상 해줄 것이 없다."라고 말하는 것을 보고 일생 호스피스에 투신하기로 자원한다. "죽음을 앞둔 사람에게도 의사가 필요하다."라는 말과 함께. 호스피스야말로 죽음을 향해가는 사람을 매일같이 돌보고 이해하며 그 과정을 같이 최대한 안온하게 버텨내는 일이다. 그는 호스피스 병동에서 환자가 임종할 때까지 끝없이 대화하고 이해하려 노력했다. 그가 죽어가는 사람에게 발생하는 현상에 천착하기 시작한 것도 자연스러운 일이다.

그는 임종을 앞둔 사람들이 꾸는 꿈이나 그들이 보고 경험하는 일에 집중했다. 최종의 꿈, 마지막 꿈, 그 꿈과 우리 인생은 어떠한 연관이 있을 것이며 죽음에 실제로 영향을 어떻게 미칠 것인가. 그는 일단 그것을 '임종시'와 '임종몽'이라 정의한다. 나는 이 개념이 의학계에 널리 알려져 있다고 말할 수가 없다. 현재 단발적으로 발행된 논문 몇 개에서만 그 개념을 찾아볼 수 있을 뿐이기 때문이다. 또한 앞으로도 그가 말한 대로 임종시와 임종몽의 해석은 "과학의 잣대를 견뎌낼 수 있는 수준의 증거를 제시하기는 쉽지 않을" 수도 있다. 하지만 나는 그의 수기를 읽으며 프로이트의 발상을 떠올렸다. 꿈은 인간의 정신세계와 무의식을 반영한다. 또한 인간은 죽기 전에도 분명히 꿈을 꾼다.

그렇다면 인간의 정신세계는 종말을 앞두고 우리 몸에 어떤 신호를 보내지 않을까. 그러니까, 마지막 꿈들이야말로 죽음을 앞둔 인간에게 가장 중요한 징후이자 어떠한 현상이지 않을까.

인간이 최후까지 지닐 무의식을 생각해보자. 육체는 기운을 잃고 두뇌 또한 수명을 다해갈 때, 꿈은 우리에게 어떤 메시지를 보내올까. 그것은 불행하고 끔찍한 것이라기보다는 우리에게 조용히 화해를 요청할 가능성이 높다. 죽음은 결국 영원한 안식이고, 그 뒤에는 평온만이 남을 것이기 때문이다. 내가 본바로도 죽음 이후에 괴로워하는 사람은 아무도 없었다. 임종시와 임종몽은 궁극적으로 우리를 괴롭히거나 추궁하지 않을 것이며, 대신 우리를 돌보고 손을 내밀 것이다.

그렇게 크리스토퍼 커는 임종시와 임종몽으로 망자의 인생을 분석하며, 그것이 어떠한 의미를 가지고 죽음으로 우리를 이끄는지 들려준다. 그것은 모두가 화해의 손짓이다. 생전에 사랑했던 가족이나 취미, 일이 평화로운 죽음과 자연스레 합일되거나, 범죄자나 약물 중독자가 뉘우치며 회개하기도 한다. 인생이 불완전하다고 여겨지는 어린아이조차 하나의 생을 갈무리 짓는 현상이 발생한다. 치매나 선천적 뇌질환자에게 또한 임종몽과 임종시는 나름의 체계 안에서 이루어진다. 그는 또한 끊임없이 사랑이 매개체라고 외친다. 실제 우리는 꿈에서 자주 사랑하는 사람을 만난다. 마지막 꿈에서 복격하는 사랑이야말로 우리를 진정한 화해로 이끄는 존재일 수 있다. 그리고 그의 언급처럼 죽음은 어떠한 회귀에 가까우므로, 우리가 지닌 사랑 또한 회귀한다. "나는 내가 맨 처음 사랑했던 이들을 가장 많이 사랑한다."라는 문장처럼.

나는 꿈의 어떤 특질을 본다. 죽음은 혼자 하는 것이고, 꿈에서는 어떤 일이든 벌어진다. 죽음을 앞둔 꿈에서 우리는 몸이 도로 건강해지거나 만날 수 없는 사랑이나 돌아가신 아버지와 재회할 수도 있다. "그 과정은 사랑과 연결돼 있고, 우리는 임종 전 경험을 통해 우리의 한계를 뛰어넘어 비로소 모든 것을 기꺼이 받아들이게 된다." 그래서 그는 세상의 모든 사람이, 흡사 언어를 가지지 못할지라도, 임종 전 경험을 통해 우리의 커다란 화해를 완성할 수 있다고 말한다. 언어를 갖지 못한 사람일지라도 꿈은 꿀 수 있으니까 말이다. 그래서 그는 놀랍게도 미리 강조한다. "(죽음은) 다른 모든 언어가 우리를 실망시킬 때에도 끝까지 우리를 밝혀 주는 빛이다."

나는 다른 의사처럼 급박한 죽음만을 다루었기에 그들의 인생을 알아낼 수 없었다. 그래서 죽음을 향해 가는 환자의 섬망이나 꿈 또한 하나의 증상으로 평가했다. 하지만 그는 나를 비롯한 의료진 대신 호스피스 병동에서 죽음을 향해가는 많은 이야기를 듣고 우리에게 알려준다. "죽음은 우리를 자기 성찰과 반성으로 이끌고 어둠 속에서도 계속 빛나는 빛을 발견할 수 있게 해 준다."라고. 이 문장을 보고 나는 스스로 죽음에 대한 무지함을 자각하곤 겁이 났다.

　죽음은 죽기 직전까지 우리가 탐구해야 하는 주제다. 그래서 나 또한 생각한다. 죽기 전의 나는 꿈을 꿀 것인가. 그럴 것이다. 그렇다면 어떤 꿈을 꿀 것인가. 꿈은 우리를 어떤 길로 이끌 것인가. 혹시나 그 과정이 불안하거나 걱정되지 않은가. 그래서 저자는 또 다른 문장으로 우리를 위로한다. "임종 과정은 인생의 끝에서 우리가 온전한 자신을 되찾고 행복을 찾아 나설 수 있는 유일한 길인지도 모른다." 그렇게 나는 이 책에서, 죽음은 우리를 꾸짖거나 책임을 요구하지 않는 가장 안온한 길인지도 모르겠다고 생각했다.

추천사

"돌아가신 아버지의 흥미로운 임종 전 경험을 다시 떠올리게 한 이 책에 푹 빠지고 말았다. 이 책은 의학적 무지와 사회적 순진함에 대해 이야기한다. 사랑하는 사람이 죽음을 앞두고 있거나 이 삶 너머에 무엇이 있을지 궁금하다면, 커 박사의 책을 통해 삶의 마지막 단계에서 찾을 수 있는 의미와 아름다움을 음미해 보기 바란다. 유한한 삶을 사는 모든 이에게 이 책을 적극 추천한다."

— 데일 브레드슨Dale Bredesen, 《알츠하이머의 종말》 저자

"여전히 많은 이들이 삶의 일부인 죽음을 외면하면서 삶과 분리시키려고 한다. 죽음을 앞둔 환자들을 돌보며 많은 것을 배우고 깨달은 호스피스 의사는 이러한 현실을 우리에게 생생하게 들려준다. 그는 무엇을 배웠을까? 크리스토퍼 커는 죽어 가는 사람들과 온전히 함께함으로써 살아가는 법을 배울 수 있다고 말한다.

— 제임스 도티James Doty, 《닥터 도티의 삶을 바꾸는 마술가게》 저자

"깊이 있는 경험을 바탕으로 쓰인 이 따뜻하고 지혜로운 책은 사람들이 생의 끝자락에서 사랑하고 수용하는 법을 배우고 의미를 찾을 수 있도록 도울 것이다." ― 케이티 버틀러Katy Butler, 《죽음을 원할 자유》 저자

"생의 끝자락에서 현실을 초월하는 인간의 모습이 담긴 아름다운 초상화 같은 책이다. 이 책은 우리가 살아오면서 경험한 사랑과 의미를 되짚어 보게 해 줄뿐 아니라, 죽음을 앞둔 사람들의 이야기를 경청하면서 그들과 오롯이 함께할 수 있도록 도와줄 것이다." ― 켈리 맥고니걸Kelly McGonigal, 《움직임의 힘》 저자

"대단히 흥미로운 이 책을 통해 우리는 우리 모두의 영혼을 치유해 줄 슬프고도 아름다운 꿈을 꾸며 죽음을 맞이하는 사람들을 만날 수 있다." ― 스티브 레더Steve Leder, 《고통이 지나간 자리, 당신에겐 무엇이 남았나요?》 저자

목차

세상을 떠나기 전 실제보다 생생한 '특별한 꿈'을 꾼 사람의 비율 80%

그 꿈이 이미 고인이 된 친구, 친인척과 관련한 내용인 경우 72%

그 꿈이 준 위안의 정도, 5점 만점에 4.08점…

죽음에서 자유로운 인간은 없다.

자신의 죽음을 똑바로 보기 위해서는 엄청난 용기가 필요하다.

임종몽과 임종시는 그러한 내면의 힘이

가시적으로 나타난 일종의 징후라 할 수 있다.

임종 전 경험은 진정한 자아, 먼저 떠나보낸 사랑하는 사람들,

자신들을 보살펴 준 사람들, 자신들을 위로하고

편안하게 해 준 사람들과 재회할 수 있도록 돕는다.

— 크리스토퍼 커Christopher Kerr

톰이 말기 에이즈 환자로 호스피스 버펄로^{Hospice Buffalo}
를 찾았을 때, 그의 나이는 겨우 마흔이었다. 보통 가족들에게
둘러싸여 있는 다른 환자들과 달리 그는 혼자였다. 아무도 그를
찾아오지 않았다. 평소 좀 냉담한 그가 사람들과 만남을 피하는
게 아닌가 싶었다. 어쩌면 그는 죽음을 구경하러 오는 사람들을
그런 식으로 거부하고 있는지도 몰랐다.

　나는 무슨 영문인지 궁금했지만, 그의 사생활을 존중해야 한
다는 생각에 그 이유를 묻지 않았다. 톰의 수척해진 몸에는 한
때 조각 같은 근육이 있었음을 보여 주는 흔적이 남아 있었다.
그는 꽤 다부진 몸매를 유지하고 있었고, 여전히 젊은 그의 모
습은 내게 희망을 줬다. 톰의 나이나 신체 조건에 비춰 볼 때,
그의 몸이 연명 치료에 긍정적으로 반응할 가능성이 높다는 생
각이 들었다. 그가 입원한 지 얼마 되지 않아 나는 간호부로 가
서 "톰에게 시간을 좀 벌어 줄 수 있을 것 같아요. IV 항생제와
수액을 투여하면 될 거예요."라고 지시를 내렸다. 톰의 담당 간
호사였던 낸시는 호스피스 버펄로에서 오래 근무한 간호사였

다. 나는 그녀의 솔직한 대답에 놀라고 말았다.

"너무 늦었어요. 그는 곧 죽을 거예요."

"아, 정말요?" 내가 물었다.

"네. 톰은 계속 돌아가신 어머니 꿈을 꾸고 있는걸요." 낸시가 답했다.

나는 불신과 반감이 뒤섞인 표정으로 어색하게 웃으며 말했다.

"학교 수업에서 그런 걸 배운 기억은 없는데요."

낸시는 주저하지 않고 받아쳤다.

"이봐요, 젊은이! 땡땡이를 좀 자주 쳤나 보군요."

나는 공과금 낼 돈을 마련하기 위해 호스피스 버펄로에서 주말 근무를 서며 전공의 과정을 마친 서른 살의 심장내과 펠로우^{fellow}였다. 낸시는 이상을 좇는 새내기 의사들을 못마땅해하는 노련한 간호사였다. 그녀는 누군가가 주제넘은 행동을 한다 싶을 때면 눈을 희번덕거리곤 했다.

나는 현대 의학으로 톰을 몇 주에서 길게는 몇 달 더 살릴 방법을 머릿속에 총동원해 가며 내가 할 수 있는 조치를 취했다. 전신에 염증 반응이 나타나고 있는 상태여서 우리는 그에게 항생제를 투여했다. 또 그가 심한 탈수 증세를 보였기 때문에 생리식염수 수액도 주사하도록 했다. 나는 톰의 수명을 연장하기 위해 의사로서 할 수 있는 모든 것을 다 했지만, 그는 48시간을 채 넘기지 못하고 생을 마감했다.

낸시는 톰의 상태가 거스를 수 없는 내리막에 접어들었다는 판단을 정확히 내렸다. 그녀는 어떻게 그 사실을 알았을까? 수많은 사람의 죽음을 지켜보면서 생긴 비관적 관조에 불과했을까? 정말 환자의 꿈이 수명을 예측하는 변수가 될 수 있다고 믿었을까? 낸시는 호스피스에서 20년 넘게 근무한 간호사였다. 그녀는 내가 알지 못하는 죽음의 다양한 얼굴, 즉 죽음의 주관적인 측면을 꿰뚫고 있었다.

나는 다른 의사들과 마찬가지로 죽음을 맞서 싸워야 할 적 그 이상으로 생각해 본 적이 없었다. 나는 사람들이 의식과 호흡을 유지하도록 가능한 모든 조치를 취하는 맹목적인 의료 개입에 대해서는 알고 있었지만, 어떤 한 개인이 원하는 죽음의 방식이나 결국 죽음은 피할 수 없다는 그 명백한 사실에 대해서는 깊이 생각해 본 적도 없었다.

그랬던 내가 임종몽과 임종시(말기 환자가 생을 마감하기 수일 전이나 수주 전부터 반복적으로 경험하는 꿈이나 환시를 말한다 – 옮긴이)를 경험하는 말기 환자들을 자주 목격하게 되면서, 그들의 경험이 임상적으로나 인간적으로 매우 특별한 의미를 지니는 임종 현상이라는 사실을 자각하게 됐다. 호스피스 의사인 나는 죽음을 앞두고 사랑, 의미, 은혜를 이야기하는 환자 수천 명의 병상을 지켜 왔다.

병이 진행됨에 따라 다양한 감정이 서로 맞물리면서 말기 환자들과 그 가족들은 새로운 깨달음을 얻게 된다. 역설적이게도 그들은 그런 경험을 통해 보통 삶을 긍정하게 된다. 또 그들은 자기 내면의 자아로 되돌아가는 시간의 전조라 할 수 있는 임종몽과 임종시를 겪게 된다. 이 같은 현상은 마지막 며칠 혹은 몇 시간에 걸쳐 나타나게 되며, 환자가 삶에 대한 진정한 통찰을 얻고 삶을 생생하게 재조명할 수 있게 해 주는 아주 강력하고 자극적인 경험이라 할 수 있다. 보통 환자들은 임종 전 경험을 통해 고통스러운 상태에서 죽음 그 자체를 평온하게 받아들이는 상태로 바뀌어 간다. 그들은 하나같이 그 경험이 '실제보다 더 실제적'이라고 설명하고, 각 경험은 그 경험의 주체만큼이나 사적이고 독특하다.

큰 호평을 받은 책《모리와 함께한 화요일》에서 모리 교수는 "나이가 들어간다는 건 단순히 쇠퇴하는 게 아니라 성장하는 거라네. 우리가 죽게 된다는 사실이 꼭 나쁜 것만은 아니지."라고 말한다. 이는 죽음을 앞둔 상황에서도 마찬가지다. 임종 과정은 단순히 삶을 마무리하는 단계라기보다는 전 생애가 집약돼 삶이 그 절정에 달한 최고의 순간에 복잡다단하고도 존엄한 우리의 인간성을 인정하고 축하할 기회가 되기도 한다.

이 책은 머잖아 '영원의 문턱을 건너게 될' 사람들, 즉 모든 사람을 위한 이야기다. 이 책에는 삶의 마지막 단계로 접어들면서 자신의 꿈, 생각, 감정을 기꺼이 나누고자 했던 사람들의 특별한 이야기가 담겨 있다.

장례식장 책임자로 근무하다가 퇴직한 다섯 자녀의 아버지 케니는 일흔여섯 살의 나이로 세상을 떠나기 직전에 자신이 여섯 살 때 돌아가신 사랑하는 어머니와 재회했다. 죽음이 가까워지자 꿈속에서 케니는 어린 소년으로 돌아갔고, "사랑해."라는 말로 마음을 달래 주는 어머니의 목소리를 몇 번이고 계속 들을 수 있었다. 심지어 그는 자신의 병실에서 어머니가 뿌렸던 향수와 똑같은 향을 맡았다.

백화점에서 소매업을 하다가 은퇴한 아흔 살의 뎁은 허혈성 심장 질환으로 세상을 떠나기 일주일 전 '자기를 기다리고 있는' 아버지를 포함해 이미 고인이 된 가족 여섯 명을 자기 방에서 보는 환시를 겪고는 아주 큰 위안을 받았다.

이 책은 일종의 탄원서다. 우리는 의사들을 병상으로 다시 데려와야 한다. 생명을 연장하는 데 혈안이 된 단순한 기술자가 아닌 죽음을 앞둔 이들에게 위안을 주는 의사 본연의 역할을 회복해야 한다. 연구 결과에 따르면, 환자들은 임종 전 경험의 가치와 긍정적인 효과에도 불구하고 비웃음을 사거나 의학적 타당성을 인정받지 못할 거라는 두려움에 자신의 경험에 대해 의논하기를 꺼린다고 한다. 게다가 많은 의사가 그러한 현상을 대수롭지 않게 여기며 회피하는 경향이 있기 때문에 도처에 편재한 무관심이 임종을 앞둔 사람들을 더욱 고립시키고 있다. 환자들에게 있어 내적 경험은 매우 큰 의미를 지닌다. 의사들도 그 중요성을 간과해서는 안 된다.

오래 살기는 더 쉬워졌지만 잘 죽기는 더 어려워졌다. 우리는 우리가 원하는 방식으로 죽음을 맞이할 수 없다. 미국인 대부분이 가족의 보살핌을 받으며 자기 집에서 생을 마감하고 싶어 하지만, 많은 사람이 집이 아닌 보호 시설에서 홀로, 혹은 낯선 사람들의 보살핌 속에서 세상을 떠난다. 우리가 원하는 방식의 죽음이 아닌 보통 우리가 두려워하는 죽음, 즉 그럴듯해 보이지만 품위 없는 죽음이 되고 만다. 의료 과잉이 난무하는 상황에서 의학만으로 해결할 수 없는 정신적 영역의 회복이 필요하다.

환자가 필요로 하는 것과 가장 중요하게 생각하는 것을 거리낌 없이 이야기할 수 있게 해 줌으로써 우리는 임종 과정을 보다 인간답게 만들 수 있다. 죽음을 앞둔 사람들이 가장 두려워하는 것은 숨 쉬지 못하는 게 아니다. 그들은 자신의 삶이라 말할 수 있는, 즉 자신의 '인생을 가치 있게 만들어 준' 자기만의 삶을 잃게 될까 봐 두려워한다.

나는 의사이고 내가 돌보는 환자들은 모두 죽는다. 이 말에 담긴 엄청난 상실감에도 불구하고 죽음에 드리워진 그 어둠 속에는 빛이 존재한다. 환자 대부분이 그들이 느꼈던 사랑, 소중

히 여겼던 관계, 살아온 인생을 긍정할 수 있는 길을 결국 찾아
내는 모습을 보면 알 수 있다. 이 책은 바로 그들의 이야기를 담
고 있다.

1장

그곳에서 이곳으로

병원은 죽음을 모른다

가볍고 담담한 말로 당신을 위로하는 사람은
사는 데 아무 문제가 없을 거라고 생각하지 말아라.
그의 삶이 그저 평화롭기만 했다면
그는 결코 그런 위로의 말들을 찾아내지 못했을 것이다.

— 라이너 마리아 릴케RAINER MARIA RILKE

어느 노인의 아기

의사가 되는 길은 시작과 중간은 있지만, 그 끝이 없는 여정이라 할 수 있다. 의대생들은 환자들에게 성실히 전달할 방대한 정보와 지식을 습득해 의과 대학을 졸업한다. 다음 단계인 수련의 과정을 이수하기 위해 병원에 도착한 의대 졸업생들은 질병에 대해서는 익히 알고 있을지 모르지만 아픔에 대해서는 아직 잘 알지 못한다. 질병이 인체 내 장기에서 나타난다면, 아픔은 사람에게서 나타나기 때문이다.

의사가 되기 위한 수련 과정의 마지막이자 가장 중요한 단계는 어쩌면 평생에 걸쳐 지속될지도 모른다. 이 단계는 다름 아닌 환자가 수련의를 가르치는 시기로, 수련의는 환자의 말을 들을 준비가 되어 있어야 하고 겸손한 태도로 그 말에 귀 기울일 수 있어야 한다. 이 시기에 의사는 환자에게 다짜고짜 증상을 묻기보다는 청진기를 내려놓고 그가 어떤 문제를 안고 있는지를 살피는 것이 쇠약해진 환자의 마음을 치료하는 데 가장 좋은 방법임을 깨닫기도 한다. 그리고 어느 날 수련의 자신이 의사로서 의학에 통달했다는 생각이 드는 순간이 오면, 사람의 마음을 보살펴 달라며 손짓하는 환자를 만나게 될 것이다. 그 순간은 의사가 결코 잊지 못할 공감에 대한 가르침을 줄 것이며, 의사로서 진정한 소명을 발견하는 계기가 될 것이다. 나를 그 순간으로 처음 이끈 환자는 바로 메리였다.

메리는 일흔 살의 예술가로 네 자녀를 둔 어머니였고, 호스피스 버펄로에서 내가 처음 맡은 환자 중 한 명이었다. 한번은 메리의 병실에서 조촐한 가족 모임이 열렸다. 메리가 '갱단'이라고 부르는 자녀들이 모두 모여 와인 한 병을 나눠 마시고 있었다. 정신이 오락가락하는 와중에도 메리는 자녀들과 함께하는 시간을 즐기는 듯했다.

그런데 그날 심상치 않은 일이 벌어졌다. 메리는 누가 시키지도 않았는데 아기를 품에 안는 시늉을 하기 시작했다. 마치 현재라는 시공간을 벗어나 연극의 한 장면을 연기하는 사람처럼, 병실 침대에 걸터앉아 상상 속의 아이를 '대니'라고 부르며 입을 맞추고, 어르고 달래고, 머리를 쓰다듬었다. 모성이 드러나는 그 기이한 순간이 메리를 더없이 행복하게 만들어 주는 듯했다. 메리의 자녀들은 일제히 나를 바라보며 놀란 마음을 감추지 못했다.

"이게 무슨 일이죠? 환각 상태인가요? 약 기운 때문에 그런 거죠?"

무슨 일이 일어나고 있는지, 또 왜 그런 일이 일어났는지 설명하기 어려운 문제이기도 했지만 그 순간 가장 적절한 대응은 의학적인 개입을 자제하는 것뿐이었다. 그 상황에는 다스려야 할 통증도, 해결해야 할 의학적 문제도 없었다. 내가 마주한 것은 의학적 지식으로는 설명할 수 없는, 눈에 보이지는 않지만 분명히 존재하는 기쁨을 느끼고 있는 한 인간의 모습이었다.

나는 메리의 장성한 자녀들과 마찬가지로 경외심을 가지고 메리의 모습을 지켜봤다. 메리의 자녀들은 처음에는 크게 놀라 당황했지만, 어머니의 평온한 모습을 지켜보면서 이내 안도감을 느꼈다. 메리는 자신의 마지막 순간을 좌우할 수 있는 결정이나 말을 하는 데 내 도움도, 자식들의 도움도 필요로 하지 않았다. 메리는 아무도 몰랐던 그녀의 내적 자원을 활용하고 있었다. 당시 우리를 엄습한 감사와 평화가 깃든 분위기는 정말이지 특별했다.

다음날, 메리의 여동생이 병원을 방문했다. 그녀에게 메리의 기이한 행동을 이해하는 데 도움이 될 만한 이야기를 들을 수 있었다. 메리는 네 자녀를 출산하기 한참 전에 대니라는 태명을 가진 사산아를 낳았다고 했다. 메리는 아이를 잃고 큰 슬픔에 잠겼지만, 그 후로 단 한 번도 그 일을 언급한 적이 없었기 때문에 그녀의 자녀들조차 대니에 대해 알지 못했던 것이다.

그러나 죽음이 머지않은 그 순간에도 새로운 삶의 경험은 따뜻함과 사랑을 아낌없이 내어주는 방식으로, 또 어쩌면 그녀의 상실을 조금이나마 어루만져 주는 방식으로 메리를 다시 찾았다. 죽음의 문턱에서 메리는 잘못된 일을 바로잡기라도 하는 것처럼 과거에 겪은 트라우마를 다시 끄집어내고 있었다. 그녀는 과거의 불행을 있는 그대로 받아들이는 모습이 역력했고 심지어 젊은 날의 자기 모습을 그대로 보여 주는 듯했다. 메리의 육체적 아픔은 치료할 수 없었지만, 그녀의 정신적 상처만큼은 치유되고 있는 것처럼 보였다.

이렇게 놀라운 일이 일어나고 얼마 지나지 않아 메리는 평화롭게 생을 마감했다. 그리고 메리의 죽음을 계기로 '평화롭게 죽는다는 것'에 대한 내 생각은 완전히 달라졌다. 메리가 죽음을 맞는 과정에는 의사를 포함한 간병인들의 치료나 보살핌과는 별개로 전개되는 고유한 무언가가 존재했다.

아버지의
마지막 하루

내가 어린 시절, 아버지가 세상을 떠났다. 아버지를 마지막으로 본 것은 열두 살 때였다. 병상에서 죽어 가는 아버지 곁에 나를 남겨두고 병실 밖으로 나가 외삼촌과 이야기를 나누던 어머니를 기억한다. 아버지는 그때 캐나다 북부에 있는 시골집 낚시터에 데려갈 테니 준비하라고 말하며 내 윗옷의 단추를 만지작거리기 시작했다. 낚시터에 가겠다는 말이 좀 엉뚱하게 들리기는 했지만, 아버지가 무슨 말을 하든 상관없었다. 평온해 보이는 아버지와 함께한 그 순간이, 그리고 아버지가 나와 함께 낚시를 하고 싶어 한다는 사실이 내게는 큰 위안이 됐다. 나는 그 시간이 아버지와 함께할 마지막 순간임을 직감했다. 손을 뻗어 아버지를 만지려는데 한 신부님이 들어와 나를 병실 밖으로 데리고 나가며 말했다.

"네 아버지는 환영에 사로잡혀 있단다. 이제 그만 가자꾸나."

아버지는 그날 밤 늦게 세상을 떠났다. 당시 너무 어렸던 나는 평생 사라지지 않을 그 상실감을 어떻게 표현해야 할지 몰랐다.

나는 병상에서 아버지가 보였던 행동에 대해 논하기는커녕 언급조차 한 적이 없었다. 나는 죽음의 비물리적인 면에 대한 깊은 혐오감을 가지고 의대를 다녔다. 그러다 임종 전에 꿈을 꾸거나 환영을 보는 현상을 주제로 한 테드 토크^{TED Talk} 강연을 준비하면서 문득 모든 게 아이러니하게 느껴졌다. 아버지가 돌아가시고 반평생이나 지난 뒤였다. 어떻게 보면 어린 시절에 겪었던 그 잊을 수 없는 사건을 계기로 내가 의사가 됐는지도 모른다는 생각이 들었다. 그렇게 연결 지어 생각해 보기는 처음이었다.

아버지와 마찬가지로 나도 의사가 됐다. 이상하게 들릴지 모르지만 죽음을 혐오하는 이에게 의과 대학은 안심하고 머물 수 있는 장소 중 하나다. 그곳에서는 죽음을 앞둔 환자들의 이야기는 고사하고 '죽음'이라는 단어도 잘 언급하지 않는다. 의학 교육은 죽음에 맞서는 기술을 가르치는 일이고, 죽음에 제대로 맞서지 못한다면 그 교육의 전부 또는 일부가 제대로 인정받지 못하게 된다.

이는 내가 레지던트 시절 환자들을 살펴보는 임무를 수행하면서 처음 깨달은 사실이다. 내가 맡은 임무는 수석 레지던트가 회진을 돌기 1시간 전에 사전 회진을 돌며 환자들의 상태 정보를 수집하는 일이었다. 당시 나는 '레지던트'라는 단어에 딱 들어맞는 삶을 살았다. 레지던트는 말 그대로 주당 80~100시간을 근무하며 병원에 상주하는 전공의였다.

나는 레지던트 과정을 밟으면서 의사들이 말기 환자의 상태를 더는 유심히 살피지 않는 경우, 즉 '치료 중단'이 결정되는 경우를 불편한 마음으로 묵묵히 지켜보곤 했다. 우리는 중증 환자들을 포기했을 뿐 아니라, 고통 속에서 어려움을 겪는 환자나 보호자에게 가장 절망적인 말로 그 결정을 통보했다.

"더는 우리가 할 수 있는 게 없습니다."

서류 작업을 통해 이뤄지는 치료 중단 절차에서 나는 말기 환자를 제도적으로 포기하는 관행을 처음 접하게 됐고, 그러한 업무가 수련의 과정에서 꽤 중요한 부분을 차지했다.

죽음을
외면하는 의학

1999년 나는 내과 레지던트 과정을 마치고 심장내과 펠로우 과정에 들어갔다. 당시 나는 두 아이가 있는 가정의 가장이자 펠로우였기에 근근이 생계를 꾸려나가는 형편이었고, 세금이나 공과금을 마련하려면 다른 일을 더 해야 했다. 주로 응급실에서 일하면서 넉넉지 못한 생활비를 충당하곤 했다. 상황이 그렇다 보니, 어떤 일을 맡든지 간에 비상시 다시 병원으로 복귀할 수 있도록 늘 호출기를 지니고 다녔다.

잠 못 이루던 어느 밤이었다. 신문을 첫 장부터 차례로 읽다가 항목별 광고가 실린 지면에서 한 구인 광고를 발견했다. 호스피스 버펄로에서 일할 의사를 찾고 있었다. '누가 이런 구인 광고를 낼 생각을 했을까?' 하는 의문이 들었다. 지금에 와서 생각해 보면 '대체 어떤 의사가 이런 구인 광고를 보고 일을 구할까?'라는 마음이 은연중에 깔려 있었던 것 같다. 호스피스 병동에서 근무한 적이 없었던 나는 호스피스 의사가 실제로 어떤 일을 하는지 제대로 알지 못했다. 노인병학이나 완화 치료학을 이수하는 의대생은 찾아보기 어렵다. 의대생들은 죽음을 직시하기보다는 치료에 중점을 둔 의료계의 열망을 좇으려 한다. 나역시 마찬가지였다. 나는 병원에서 죽음을 자주 목격하면서도 죽음을 전혀 의식하지 않고 있었다. 죽어 가는 환자들을 위한 의사가 된다는 것이 무엇을 의미하는지 알지 못했다.

오늘날 의료 서비스 시장은 진료 결과보다는 진료량, 즉 질보다 양에 기초한 행위별수가제^{fee-for-service}가 적용되고 있다. 이로 인해 어쩔 수 없이 사망 예방 모델이 강화된다. 촬영, 실험, 수술의 형태로 제공돼 비용 청구가 가능한 의료 상품이나 서비스가 환자 치료에 일정 부분 영향을 미친다. 우리가 필요로 하는 치료법과 제공되는 서비스 사이에는 일종의 부조화가 존재한다. '진료 행위' 혹은 진료비 책정이 가능한 의학적 개입이 아니라 그저 관심과 보살핌 그리고 위안을 갈망하는 말기 환자들은 외면당하는 경우가 많다. 이 때문에 죽음을 앞둔 많은 사람이 응급실과 중환자실에서 마지막 나날을 보낸다. 현대 의학이 바로 그곳이 환자들이 있어야 할 곳이라고 여기기 때문이다. '죽음이 임박한' 사람들은 불필요한 정보를 양산하는 시티 촬영, 다른 신체 기관들이 기능을 멈춰도 심장 박동을 유지해 주는 심박 조율기 이식 등 불합리한 의료 행위들을 일괄적으로 받아들여야 하는 처지에 놓이고 만다.

아이러니하게도 병원에서 마지막 나날을 보낸다고 해서 더 오래 산다거나 더 나은 삶을 살지는 못한다. 돈만 많이 들 뿐이다. 우리는 미국인 대다수가 어쩔 수 없이 보호 시설에서 생을 마감한다는 사실을 알고 있다. 말기 환자 중 절반은 의료 조치를 취하는 게 무의미한 상황이라 하더라도 임종을 한 달 남짓 남겨둔 시점에 응급실을 찾는다. 그들이 응급실 대신 집에서 동일한 수준의 의료 서비스를 받을 수 있다면 훨씬 더 편안하게 지낼 수 있을 것이다.

인턴과 레지던트 과정을 거치면서, 사람들을 서류 업무 처리하듯 대하는 병원의 의료 시스템에 실망했다. 물론 헌신적인 의사들도 있었지만, 환자들을 인간적으로 대하는 데 흥미를 잃은 의사들과 일하는 경우가 더 많았다. 그저 주어진 일을 수행하고 진료 기록부를 정리하며 진료 소견을 적어 넣을 뿐이었다. 점점 증가하는 요식 절차가 의사와 병상 사이를 갈라놓고 있었기 때문에 많은 의사가 더는 자기 일에서 의미를 찾으려 하지 않았다. 한 시간 정도 환자들을 보고 나면 두 시간에 걸쳐 회의와 서류 작업을 수행해야 했다. 의료경제학이 의사들을 잠식하고 있었다. 의사가 되기 위해 필요한 일들을 하면서 나는 단 한 번도 반감을 느낀 적이 없었다. 하지만 소명 의식이 망가져 가는 모습을 목격하는 일만큼은 괴로웠다.

하버드대 의과대학 심장내과 명예교수인 버나드 라운Bernard

Lown 박사는 20여 년 전에 "오늘날 치료가 치유를 대신하고, 관리가 보살핌을 대신하며, 기계적인 절차가 경청하는 기술을 대신하고 있다."라고 평했다. 비인간적이고 기계적인 의료 시스템으로 옮겨가는 추세가 전보다 더 뚜렷해졌다. 치료한다는 명목으로 치유를 외면하는 경우가 너무나 많다. 게다가 더 치료할 수 없는 단계가 되면 의사들이 치유마저 포기해 버리는 일도 빈번하다.

당시 나는 의료계에서 살아남아 실력을 발휘하기 위해서는 의료 현장에 더욱 적극적으로 뛰어들 필요가 있다는 확신을 가지고 있었다. 그래서 아무런 정보도 없이 호스피스 버펄로에 연락을 취해 주말에 일할 수 있는 자리가 있는지 확인하고 면접 약속을 정했다. 그곳에서 일하게 될 경우, 내가 다른 병원에서 '치료 중단' 결정을 내린 환자들을 다시 돌보게 되는 아이러니한 상황이 벌어질 수도 있었다.

두 시간에 걸쳐 진행된 면접 말미에 호스피스 버펄로의 설립자 중 한 명이자 그날 내 면접관이었던 로버트 밀치Robert Milch 박사에게 훌륭한 완화 치료 전문의가 꼭 갖춰야 할 자질이 무엇인지 물었다. 밀치 박사는 '의분', 즉 불의에 대해 분노를 느낄 줄 알아야 한다고 답했다. 나는 아는 것도 없이 면접을 보러 갔다가 많은 것을 배우고 크게 고무된 상태로 면접실을 나왔다. 그러고는 앞만 보며 새로운 길로 나아가기로 결심했다.

내가 호스피스 버펄로에서 일하기 위해 떠나겠다고 심장내과 사람들에게 알리자 어떤 이들은 얼떨떨한 표정으로 나를 격려했고, 어떤 이들은 대놓고 나를 비웃었다. 한 의사는 호스피스는 은퇴한 뒤에나 갈 만한 곳이라며 빈정댔고, 또 다른 의사는 내게 정신과에 가 보라며 놀렸다. 공교롭게도 의료계의 관료적이고 비인간적인 풍토에 환멸을 느끼던 차에 호스피스 버펄로에 합류하게 됐고, 보다 인간 중심적인 의료 활동을 이어갈 수 있도록 선배 의사들이 큰 도움을 줬다. 말기 환자들을 돌볼 때면 거칠고 무뚝뚝하기만 하던 모습은 온데간데없이 사라지고 다정하고 섬세한 간병인이 되는 선배 의사들을 여럿 봤다. 세상을 떠난 아버지도 인간 중심의 의료 활동을 실천한 의사였다.

아주 어릴 적 하키 게임을 보러 가기 위해 아버지의 교대 근무가 끝나기만을 기다리며 응급실 대기실에서 초조하게 앉아 있던 기억이 있다. 검사실 근처에 앉아 있던 나는 아버지가 아파하는 환자와 나누는 대화 일부를 엿들을 수 있었다. 아버지의 정중하고 따뜻한 말투를 듣고 진찰받는 환자가 아주 중요한 사람일 거라고 짐작했다. 그 환자가 검사실로 들어가는 모습을 지켜보지 못했던 나는 한 노인이 아버지에게 고맙다는 말을 전하며 검사실을 나서기 전까지 별 생각이 없었다. 듬성듬성 난 노인의 회색 턱수염에는 때가 덕지덕지 눌어붙어 있었고, 그는 예상치 못한 친절함에 놀랐는지 어리둥절해 보였다. 노숙자였던 그 노인은 자신에게 무슨 일이 일어날지 한 치 앞도 알 수 없는 처지였지만, 사람들이 북적거리는 그 응급실에서만큼은 자신의 아픔을 나누며 소통할 수 있었다.

질병은 세상 누구에게나 평등하다. 그날 나는 살고자 하는 한 생명의 몸부림을 보듬어 주는 의료 현장을 목격했다. 그 순간이 담고 있는 중요한 의미를 모두 다 이해하기에는 당시의 내가 너무 어렸을지 모르지만, 그 경험이 내게 큰 영향을 미친 것만은 사실이다. 아버지가 환자를 보살피던 그 모습을 대수롭지 않게 생각할 수도 있겠지만, 나는 아버지의 그런 모습이 참 좋았다. 아버지를 지켜보면서 그가 의사라는 직업에 왜 자부심을 느끼는지 이해할 수 있었다. 그날 본 아버지의 모습은 그날 밤 결국 놓치고 만 하키 게임보다 더 특별한 장면으로 내 기억 속에 남아 있다.

아버지가 환자를 돌보던 방식은 내가 동참하기로 마음먹은 호스피스 완화 의료와도 꼭 닮아 있었다.

죽음을 앞둔 환자도
의사가 필요하다

새로운 직장에 적응하는 과정은 쉽지 않았다. 나는 아직 자리를 잡지 못한 신참 의사에 불과했다. 호스피스는 내과 의사 중심의 전통적인 의료 시스템과는 달리 간호사들과 밀접하게 협력하는 방식으로 운영된다. 간호사들은 나와 같은 의사들을 좀 미심쩍어하며 맞았다. 어찌 됐든 간에 병상에 머물며 전통적인 의료 시스템의 결함으로 발생할 수 있는 불필요한 고통을 반복해서 지켜볼 이들은 간호사였다. '할 수 있는 게 없는' 환자들을 연민 어린 마음으로 대하며 병상 곁을 지키는 이들 역시 간호사였다. 내가 팀에 합류했을 때, 어떤 간호사들은 '의사는 보조 역할을 하기 위해 이곳에 존재하며, 그러한 역할이 무엇보다 중요하다'고 아주 분명하게 말했다. 의사 가운을 입어서도 안 됐다. 쓸데없는 자존심은 병원 밖에 내려놓고 들어가야 했다. 간호사들만 나를 겸손하게 만든 게 아니었다.

호스피스에서 일을 시작하자마자 만난 환자 중에는 췌장암 진단을 받은 전직 대학 총장 피터가 있었다. 말기 암으로 인해 살이 너무 빠진 탓에 피터의 혈압과 혈당은 뚝 떨어져 있었다. 그는 적극적인 말기 암 치료를 원하지 않았기 때문에 세심한 관리를 거의 받지 못했고, 약물치료에 대한 검토나 조정도 제대로 이뤄지지 않았다. 그 결과 몸이 쇠약해질 대로 쇠약해졌고, 그가 주도적으로 참여했던 정치 토론 모임에 나가지 못할 정도로 정신이 혼미해졌다. 188cm나 되는 큰 키에 초점이 풀린 눈으로 멍한 표정을 짓고 있는 데다 약물 처치 부작용까지 겹치면서 그의 모습은 마치 해골을 연상케 했다.

기존에 받던 약물치료를 약간 조정하자 피터는 기력을 회복했고, 토론 모임에도 다시 참석하면서 자존감과 목적의식을 되찾을 수 있었다. 그 후에도 그는 계속 치료를 통해 증상을 누그러뜨릴 수 있는 여러 합병증에 시달렸다.

우리가 꼭 알아야 할 게 있다. 암 치료가 중단된다고 하더라도 책임 있는 의료 서비스는 계속 제공되어야 한다는 것이다. 앓고 있는 질병과 함께 발생할 수 있는 합병증 역시 그에 적합한 치료가 필요하다. 말기 진단을 받음으로써 사실상 치료 가능한 질환마저 제대로 치료받지 못하는 환자는 피터뿐만이 아니었다. 말기 환자를 위한 '편안한' 모델로 치료 방식을 전환할 경우, 요로 감염증이나 빈혈과 같이 치료가 가능한 질환으로 환자가 고통에 시달리는 상황이 발생했고, 심한 경우 목숨을 잃기도 했다. 불행하게도 완화 치료를 해나가겠다는 결정이 마치 아무 조치도 취하지 않는다는 합의처럼 받아들여지는 경우가 많았다.

피터는 암으로 인한 통증을 잘 관리해야 할 시기에도 수준 높은 삶을 계속 누리면서 통증은 고통과 약물로 인한 망각 사이에 존재하는 일종의 한계점에 불과하다는 생각을 무색하게 만들었다. 호스피스 운동을 전개하고 알리는 데 힘쓴 시슬리 손더스Cicely Saunders 박사는 '정말 다루기 힘든 의사'는 여럿 만나 봤지만, '다루지 못할 통증'은 없다고 말하며 말기 환자 간호에 대한 우리의 그릇된 생각을 지적하기도 했다. 피터의 투병을 통해 환자와 의사 모두가 알게 된 사실이 있다. 그건 바로 죽음을 앞둔 사람들 역시 활기찬 삶을 살 수 있으며, 치료가 불가능하다고 하여 치유마저 불가능한 것은 아니라는 것이다.

자택에 머무는 호스피스 환자들을 돌보기 시작하면서는 진단 카테고리로 환자를 분류하는 방식의 부조리가 더욱 극명하게 드러났다. 그들이 지닌 욕구의 총합에 대한 나의 이해도 더 깊어졌다. 보통은 말기 환자들이 가족들이 있는 익숙한 환경으로 돌아가기로 결정하지만, 병원에서 먼저 포기해 집으로 돌아갈 수밖에 없는 말기 환자들도 자주 보였다. 사랑은 넘치지만 어쩔 줄 몰라 쩔쩔매는 가족들 품으로 돌아가면 환자들이 병원에서 받았던 집중 치료, 지속적인 모니터링, 전문적인 질병 관리가 모두 중단되고 만다. 그렇게 되면 환자와 가족들은 그들에게 어떤 일이 벌어지고 있는지 또 앞으로 어떤 일이 벌어질지 제대로 알 수 없게 된다. 그들은 치료 효과를 기대하기 어려운 상황에서도 다른 대안이 있을 수 있다는 사실을 인지하지 못한 채 지옥 같은 삶을 산다.

병원에서 환자를 포기하면, 환자와 그를 아끼는 사람들의 마음에는 알 수 없는 두려움이 싹트기 시작한다. 병원 안 카페테리아에서 판매하는 커피 값이나 주차할 장소는 알면서 언제 어떤 식으로 죽음이 닥칠지 모르는 상태로 환자와 가족들은 병원을 나온다. 적극적인 치료에서 환자의 편안함을 우선하는 말기 치료 방식으로 넘어가게 되면 무엇보다 정확하고 솔직한 소통이 어려워지기 마련이고, 정확한 정보의 부재로 공허해진 마음에는 갖가지 걱정과 두려움이 차오르기 시작한다.

상당히 많은 데이터가 병원에서 포기하고 내보낸 말기 환자들의 예후가 어땠는지 분명히 보여 주고 있다. 병원에서 퇴원한 말기 환자 대부분이 죽음이 임박하다는 이유로 관리 가능한 통증이나 다른 여러 쇠약증을 방치해 사망했다. 피터의 사례와 마찬가지로 문제는 그러한 증상들을 완전히 해결하지 못하는 데 있기보다는 형편없거나 소극적인 의료 조치에 있었다. 환자들은 완치될 수 없어서가 아니라 치료받지 못해서 고통받고 있었다. 사실 그 둘 사이에는 큰 차이가 있다. 또 말로는 다 표현할 수 없는 슬픔 속에서 아픈 가족을 당장 어떻게 돌봐야 할지 몰라 큰 부담을 느낄 환자 보호자들도 잊어서는 안 된다. 그렇게 큰 어려움을 겪고 있는 보호자들을 누가 신경이나 쓸까?

의사들이 환자를 제대로 돌보기 위해서는 의료 행위에 방해가 되는 과도한 요식 체계나 문서 관리 업무가 아니라 환자에게 오롯이 집중할 수 있어야 한다. 이상하게 들릴지 모르겠지만, 나는 환자들을 돌보면서 멈추고, 머물고, 경청하고, 공감하는 법을 배웠다.

20세기 초 하버드 의대에서 학생들을 가르쳤던 프랜시스 피바디Francis Peabody 박사는 "환자를 잘 돌보는 비결은 바로 환자를 사랑하는 것이다."라고 말했다. 환자들은 한두 군데만 아픈 게 아니라 온몸으로 고통을 느낀다. 환자들이 신체적, 감정적, 심리적, 사회적 고통의 근원을 따로 구분 짓지 않는다고 하면, 그들을 돌보는 이들도 그 고통의 근원을 따로 분리해 생각해서는 안 된다. 환자 간호에 대한 전체적인 접근 방식은 환자 개개인의 주관적인 경험을 존중하고 장려할 수 있어야 하며, 환자들이 임종 과정을 단순한 육체적 쇠약이 아닌 정신적 성장에 대한 이야기로 바꿔 나갈 수 있게 해 줘야 한다.

죽음도 삶과 마찬가지로 건강하고 충만한 정신적 삶의 영향을 받는다. 건강한 내면의 아름다움과 에너지는 의학적 한계는 물론이고 신체적 한계마저 초월하곤 한다.

2장

서투른 시작

죽어가는 이들의 목소리

선생님은 아무것도 몰라요.

그가 무슨 생각을 하고 있느냐가 아니라,

그가 어떤 감정을 느끼고 있느냐가 중요하다고요.

— 군인의 아내, 베티BETTY

보이지 않는 거미

바비라는 환자의 병실에 들어갔을 때, 나는 아침 회진을 돌고 있는 인턴이었다. 그녀는 사람들이 일부러 눈을 내리깔아야 할 정도로 시선을 사로잡는 외모에 보통 체격을 가진 중년 여성이었다. 나는 그녀에게 컨디션은 좀 어떤지 물었다. 그녀가 답했다.

"좋아요. 벽에 붙어 있는 저 빌어먹을 분홍색 거미들만 빼고요. 거미들이 보여요?"

나는 뻣뻣한 자세로 벽을 확인하고는 그녀를 바라봤다가 다시 벽 쪽으로 얼굴을 돌렸다. 잠시 머뭇대다가 에라 모르겠다는 심정으로 거미가 보이지 않는다고 답했다. 바비는 빙그레 웃더니, "맞아요. 한번 시험해 본 거예요."라고 말했다.

다음날 나는 선배 레지던트와 회진을 돌았고, 이번에는 그가 바비의 건강 상태를 물었다. 바비가 선배의 물음에 답했다.

"좋아요. 그런데 벽에 붙어 있는 저 빌어먹을 분홍색 거미들이 신경 쓰여요. 거미 보여요?"

선배는 멈칫하며 아주 잠깐 뭔가를 생각하는 듯하더니 벽 쪽으로 다가가며 말했다.

"이런, 여기 보이네요."

바비는 그를 빤히 바라보며 말했다.

"아이고, 거미가 보이면 제정신이 아닌 거니까 빨리 병원에 가 보시는 게 좋겠네요."

바비가 우리를 시험했던 일을 떠올리면 아직도 웃음이 나온다. 카테터와 정맥 주사를 몸에 꽂고 병상에 머물면서 그런 장난스러운 유머 감각으로 의사와 환자의 관계를 뒤집을 줄 아는 사람은 정말 존경받아야 한다. 그러나 조금 더 진지한 관점에서 다시 바라보면, 이 일화는 알 수 없는 세상으로 들어가야 하는 어려움을 보여 주고 있기도 하다. 이 거미 이야기는 의사가 환자의 내적 자아를 이해해야 하는 상황에서 직면할 수 있는 어려움을 잘 보여 준다. 실제로 환자가 겪는 일을 눈으로 확인할 수 없을 때 의사가 내리는 진단은 그 의사의 상황 판단력과 성향에 어쩔 수 없이 영향을 받기 마련이다.

선배는 환자가 환각 상태에 있는 게 분명하며 환자의 시각을 인정해 주는 것이 중요하다고 판단했다. 그의 판단은 틀리지 않았다. 환시를 겪고 있는 사람의 현실을 누군가가 사실을 근거로 산산조각 낼 경우, 정신적인 혼란을 겪거나 자존감이 흔들릴 수 있으며, 때에 따라서는 심각한 결과를 초래할 수도 있다. 선배와 달리 나는 바비가 우리를 놀리고 있다고 판단했고, 그런 내 판단도 틀리지 않았다. 바비는 자기 모습에 충실했을 뿐이다. 그녀는 재치 있는 사람이었다. 다소 대립적인 성향을 보이기는 했지만 망상적이지는 않았다.

결국 그 상황에서 중요한 것은 누구의 판단이 옳고 그르냐가 아니라 환자가 의사와 관계를 통해 안정감을 느끼며 도움을 받고 있느냐 하는 점이었다. 바비는 어떤 의사가 가장 신뢰할 수 있는 자기편인지 확인하기 위해 자기만의 거짓말 탐지기가 필요했다.

바비의 인지 능력을 평가하고 판단하는 방식은 보통 의사가 환자의 임종 전 경험을 듣고 그 자리에서 상태를 파악해야 하는 상황에서 취할 수 있는 진단 방식과 비슷하다. 두 경우 모두 환자의 보이지 않는 내면을 파악하기 위한 노력이 필요하다. 또 환자의 상태를 파악하고 진단을 내리는 데에는 환자를 바라보는 의사의 관점, 죽음이 임박한 상황을 목격한 횟수, 그러한 상황에 대한 익숙함 등이 영향을 미칠 수 있다. 경험이 부족한 의사들은 보통 임종 전에 환자가 꿈을 꾸고 환시를 겪는 체험을 정신적 혼란, 질병으로 인한 증상, 약물에 의한 환각으로 오인하기 쉽다. 이러한 경우 의사가 환자의 상태에 대한 진단을 내리게 되는데, 의사 소견에 늘 그 상황을 꿰뚫는 통찰이나 이해가 담겨 있는 것은 아니다.

환자들의 목소리

호스피스 버펄로에서 일을 시작한 지 몇 주 지나지 않아 나는 내가 목격한 것들에 대한 자료를 찾아보기 위해 도서관을 찾았다. 말기 환자의 임종 전 경험을 입증하는 의학 문헌으로는 별로 도움이 될 만한 자료가 없었다.

도서관에서 나는 현대 의학이 죽음이라는 주제에 침묵하고 있는 동안 인간의 경험을 주관적인 관점으로 보고 다루는 인문학은 그 주제를 꾸준히 논의해 왔다는 사실을 발견했다. 인문학이 그 주제를 상세히 기록해 오기는 했지만, 내용에는 여전히 큰 문제가 있었다. 관찰자들은 붓을 집어 들고 자기만의 철학적·직업적·영적 취향을 바탕으로 자신의 신념과 설명을 텅 빈캔버스 위에 그려 넣었다. 초심리학psi(일반 심리학으로 설명할 수 없는 정신 영역이나 현상을 연구하는 학문을 말한다 – 옮긴이)을 연구하는 사람들은 임종 전 경험을 초자연적 활동, 빙의, 사후 세계의 증거로 봤다. 프로이트 학파는 임종 전 경험을 억압된 욕망의 표현으로 해석했고, 융 학파는 희망을 드러내는 욕구의 표현으로 해석했다. 또 신앙심이 깊은 사람들은 임종 전 경험에서 신의 존재를 찾았다. 영혼의 깊은 곳과 삶의 저편에는 무엇이 있을까? 사람들은 으레 그러한 물음에 크게 당황하기 마련이어서, 죽음을 앞둔 사람에게 임종 전 경험이 어떤 의미인지 궁금해하는 사람도 거의 없었다. 어쩌다 관심을 두게 된다 하더라도 그 주제에 어떻게 접근해야 하는지 제대로 알고 있지 못했고, 명확한 지식이 아닌 목격자의 증언에 의지해야 하는 경우가 많았다.

지난 50년 동안 그 주제를 임상적으로 연구한 논문들이 좀 나오기는 했다. 그러나 충분한 정보는 제공하지 못하고 있었다. 그 주제를 연구하는 사람들이 편견을 가지고 있을 뿐 아니라 연구 방법에도 한계가 있기 때문이다. 연구 논문들은 단일 사례에 대한 보고서나 주로 말기 환자를 돌보는 간호사와 의사를 대상으로 한 설문 조사를 바탕으로 진행된 것들이었다. 입증되지 않은 사례 보고서는 증거로 인정받는 데 필요한 과학적 기준에 부합하지 못한다. 나는 도서관에서 연구 자료를 조사하면서 환자들의 의견을 제대로 파악하고 반영하는 것이 무엇보다 시급한 과제라는 사실을 깨달았다.

당시 나는 임상 실습 중인 버펄로 대학교 의대생, 레지던트, 펠로우들과 함께 일하고 있었고, 말기 환자들의 의견이 존중받지 못하는 상황에 대한 그들의 의견이 궁금했다. 하루는 똑똑하고 젊은 종양학 펠로우 마야와 회진을 돌고 있었다. 임종 전 경험을 어떻게 바라보고 평가하는지 마야에게 설명했지만, 그녀는 내가 하는 말에 별 관심을 보이지 않았다. 그녀는 암 전문의가 되고 싶다고 말했고, 그 말은 죽음을 맞이할 환자들을 돕겠다는 게 아니라 죽음에 맞서 싸우기 위해 일하겠다는 것을 의미했다. 내가 마야에게 환자들이 암으로 죽기도 한다는 사실을 상기시켜 주자 좀 당황하는 것 같았다. 어색한 침묵이 흘렀고, 긴 하루가 될 것만 같았다.

잠시 후 우리는 첫 환자인 잭을 만났다. 잭은 나이가 지긋한 신사로, 전투 경험에 대한 생생한 환시를 경험하고 있는 제2차 세계 대전 참전 용사였다. 그의 아내인 베티는 키가 147cm 남짓한 작은 체구였다. 그녀는 남편의 정신 상태를 제대로 진찰하고 있는지 지켜보며 병실 문 앞을 지키고 있었다. 베티는 잭이 약물치료를 받지 않기를 바랐다. 그녀는 남편 잭이 헛소리를 하는 게 아니라 꿈을 꾸고 있다고 확신했다. 잭이 꿈을 통해 중요한 감정을 처리하고 있으며, 남편이 그런 식으로 감정을 처리할 시간이 필요하다고 믿고 있었다.

마야는 자신이 배운 대로, 즉 대통령은 누구고 현재 몇 월인지 등의 질문을 통한 대화로 환자의 인지 능력을 파악했다. 몹시 화가 난 베티는 지난 몇 년간 잭은 대통령이 누군지 신경조차 쓰지 않았다면서 불쑥 끼어들었다. 문답을 통해 잭이 분명한 사고를 하는지 판단할 수 있다고 말하는 마야에게 베티는 "대통령이 누구든, 그게 무슨 상관이죠?"라며 맞받아쳤다. 베티는 인간미 넘치는 말로 무미건조한 임상 진료 방식을 거듭 비판했다.

"선생님은 아무것도 몰라요. 그가 무슨 생각을 하고 있느냐가 아니라 그가 어떤 감정을 느끼고 있느냐가 중요하다고요."

잭은 제2차 세계 대전 참전 이후로 외상 후 스트레스 장애PTSD를 겪고 있었다. 한동안 그는 고통스러운 악몽에 시달리다가 근래 들어서는 마침내 자신의 참호에서 휴식을 취하며 다른 병사들에게 보초를 서게 하는 꿈을 꾸고 있었다. 베티는 잭이 더 평화로운 죽음을 맞이할 수 있는 길로 나아가고 있다고 확신했고, 그를 위한 그 신성한 시간을 어떻게 해서든 지켜주겠노라고 결심했다.

날이 저물 무렵 나는 마야에게 이제 임종몽과 임종시가 의학적으로 타당하다고 생각하는지 물었다. 그녀는 "검색해봤지만 그러한 사례들을 뒷받침할 만한 증거가 없더군요."라고 답했다. 마야는 환자가 임종 전 경험을 겪었다면, 추적이 가능한 생물학적 원인이나 화학적 원인이 존재할 것이라고 생각했다. 임종 전 경험이 뇌 기능 장애 때문인지 아니면 약물에 의한 환각 증세 때문인지 정확히 알 수는 없었지만, 그녀는 신비주의적인 설명이 아닌 납득할 만한 설명이 필요했다. 사실 나는 마야의 비타협적인 태도에 공감할 수 있었다. 한때는 나도 그녀와 같은 생각을 했기 때문이다. 그녀의 말이 맞았다. 의학적 기준을 충족시키는 증거가 될 만한 연구 결과는 아직 없었다. 연구자 대부분은 사후 세계의 존재를 증명하는 데 그 연구 목적이 있었다.

죽음이나 임종 간호에 대한 의사들의 사고방식을 바꿔 놓으려면, 그와 관련된 현상들을 의학화할 수 있어야 했다. 그래서 우리는 입증되지 않은 사례 대신 수량화할 수 있는 데이터를 수집하기 시작했다. 우리는 환자를 지켜본 사람들의 증언을 듣는 대신 환자를 직접 만나 인터뷰하면서 데이터를 수집했다. 바로 이 부분이 우리가 채워야 할 빈 곳이었다.

임종몽은 섬망과 다르다

온라인상에서 대충 훑어보기만 해도 임종몽과 임종시를 의식 변화와 얼마나 자주 혼동하는지 알 수 있을 것이다. 임종 전 경험에 익숙하지 않은 임상의들은 보통 그 경험을 약물 치료, 발열, 섬망(일시적으로 갑작스럽게 나타나는 정신 상태의 혼란을 말한다 - 옮긴이)에 의한 환각 증상으로 치부한다. 그렇게 함으로써 그들은 임종 전 경험에는 본질적인 가치가 거의 담겨 있지 않음을 암시한다.

그러나 임종 전 경험과 의식 변화 사이에는 큰 차이가 있다. 섬망에 시달리는 환자들은 정의상 비논리적인 사고를 하고, 상황이나 환경을 올바로 인식하지 못하며, 흔히 불안, 초조, 공포와 같은 과민 반응을 보인다. 반면에 임종 전 경험은 일반적으로 의식이 또렷하고, 감각이 예민하며, 주변 환경에 대한 인식을 가지고 있는 환자에게서 발생한다. 임종 전 경험은 내적 평온, 받아들임, 주관적 의미 부여, 임박한 죽음에 대한 인식 등 그 경험이 불러일으키는 여러 반응의 성격으로 볼 때 환각이나 섬망과는 매우 다르다.

호스피스 환자들은 특히 임종 직전 의식이 왔다 갔다 하는 상태에서 임종몽과 임종시를 자주 겪는다. 이때 의료진이 임종 전 경험과 섬망이 어떻게 다른지 알고 있으면 증상을 구별하기가 쉬워진다. 심리적으로 예민하고 불안정한 상태로 우리 병원을 찾았던 말기 환자 브렌다를 기억한다. 브렌다는 벽에 붙어 이빨을 드러내면서 그녀를 위협하는 사나운 곰이 보이는 섬망 증상을 보였다. 그녀가 어찌나 무서워하는지 그 위협적인 곰이 보이는 환각 증상이 나타날 때마다 그녀의 숨이 거칠어질 정도였다. 그러다 잠이 든 브렌다는 이미 세상을 떠났던 가족들이 돌아와 자신을 위로해 주는 꿈을 꿨고, 그녀는 위안을 주는 임종몽과 괴로운 섬망 증상을 번갈아 가며 겪었다.

브렌다는 계속 "나 혼자 가야 해."라고 말하며 해석하기 어려운 괴로운 감정을 분출하고 있었다. 우리는 브렌다가 휴식을 취할 수 있도록 항불안제를 투여해야 했다. 항불안제는 그녀가 휴식을 취하는 데 도움이 되면서도 그녀에게 위안을 줄 수 있는 임종 전 경험을 방해하지 않을 정도로만 투여했다. 브렌다는 약물치료와 보살핌이 모두 필요한 상황이었고, 임종 과정의 각 단계와 상황에 맞춰 약물 복용량도 조절해야 했다. 그런데 임종 전 경험에 대한 정보나 지식이 없는 의료진이 그녀의 환자 프로필을 봤다면, 오로지 섬망 증상에만 초점을 맞춰 진단을 내리고 조처했을 것이다.

임종 전 경험은 섬망이 아니지만 환자가 임종 직전에 두 가지를 모두 겪는 게 일반적이기 때문에 임종 전 경험의 타당성을 입증하기가 쉽지만은 않다. 신경 과학자와 의사는 임종 과정을 환자가 사망하기 몇 분 전 혹은 몇 시간 전으로 제한하는 경우가 많은데, 그때는 주로 섬망 증상이 나타나기 쉬울 때이기도 하다. 임종이 임박한 순간에는 보통 산소 부족과 신경 전달 물질의 변화로 뇌가 손상된다. 그러나 생을 마감하기 몇 분 전에서 몇 시간 전에 나타나는 뇌 기능 변화로 인한 증상을 임종 전 경험의 전부라고 생각해서는 안 된다.

연구를 진행하기 위해서는 사람을 대상으로 한 연구 프로젝트 승인을 담당하는 버펄로 대학의 임상시험심사위원회 허가가 필요했다. 환자 치료와 관련된 논쟁의 중심에서 늘 취약한 존재로 인식되기 마련인 말기 환자를 대상으로 한 연구이므로 최종 승인을 받기는 어려울 거라는 충고를 주위에서 들었다. 우리는 죽어 가는 사람들은 그저 '보호'하려고만 하는 경향이 있다. 말기 환자와 관련된 일은 아무것도 할 수 없을 정도다. 비극이 아닐 수 없다. 전부는 아니라고 해도 수많은 말기 환자가 죽음을 맞이하는 과정에서 고립감과 깊은 외로움을 느끼기 때문이다. 말기 환자 대부분은 홀로 남겨져 천장만 바라봐야 한다. 그들을 마냥 보호하기보다는 어떤 방식으로든 그들과 소통하는 것이 그들의 고통을 그나마 덜어 주는 일일 것이다.

예상했던 대로 우리는 버펄로 대학의 임상시험심사위원회 승인을 받기 위해 제안서를 제출한 후 회의에 소집됐다. 그 회의에서 다른 연구자들은 말기 환자에게 질문함으로써 그 환자에게 미칠 수 있는 부정적 영향을 우려하고 있었다. 나는 그러한 의학적 견해와 달리 보통 말기 환자들은 사람들과 나누는 인간적인 소통을 반가워한다고 반박했고, 다른 사람을 곁에 두고 대화 나누기를 싫어하는 말기 환자는 단 한 번도 본 적이 없다고 설명했다. 패널들은 아무 말 없이 조용했다.

버펄로 대학교 인근에는 주립 교도소가 있다. 그곳에서 죽음을 앞둔 동료들을 돌보는 수감자들로 구성된 자원봉사 프로그램이 운영되고 있고, 그 프로그램을 호스피스 버펄로에서 지원하고 있다. 교도소에서의 죽음은 즉흥적이고, 잘 관리되기가 어렵고, 그래서 더 원초적인 인간적 경험으로 비치기가 쉽다. 임종 봉사자로 활동한 한 수감자의 진술에는 임종 간호의 역할이 아주 잘 설명돼 있다.

저는 2년 전 호스피스 간병인 프로그램 등록했습니다. 뭔가 바뀌어야 한다는 걸 알고 있었거든요. 저는 자기 자신밖에 모르는 사람이었죠. 그런데 분노와 복수심에 익숙했던 제가 조금씩 변하더라고요. 제가 생각지도 않은 것을 부탁한 형(말기 진단을 받은 수감자)이 한 명 있었어요. 다름 아닌 색칠하기였죠. 색칠하기? 살면서 한 번도 색칠하기를 해 본 적이 없어요. 그런 제가 이곳에서 미키 마우스와 고양이 펠릭스(미국 만화의 주인공으로 흰 얼굴의 검은 고양이다 - 옮긴이) 그림을 색칠하고 있었죠! 그 형은 손주들을 한 번도 만난 적이 없었고, 손주들에게 자신이 직접 색을 칠해 완성한 그림을 보내고 싶어 했어요. 그가 교도소 밖에 있었다면 손주들과 함께 색칠하기를 했겠죠. 그는 몸이 너무 쇠약해져 색을 제대로 칠할 수 없어서 제게 같이 색칠해 달라고 했어요. 그가 세상을 떠나기 한 달 전, 그의 가족은 편지와 그의 손주들이 그린 그림 두 장을 보내왔어요. 그는 죽는 날까지 그 그림만 바라봤어요.

돌보던 수감자의 임종이 다가오자 한때 터프하기만 했던 그 간병인은 '형' 곁에 조용히 앉아 그가 마음 놓고 울 수 있는 시간을 줬다. 그 간병인은 직감적으로 엄청난 고통뿐 아니라 그 고통을 치유하는 힘도 죽어 가는 사람의 내면 깊숙이 존재한다는 것을 알 수 있었다. 수감자는 아주 절실하게 아파하고 괴로워하며 인간적인 죽음을 맞이했다. 우리 모두 그런 죽음의 과정

2장

을 이해할 필요가 있다. 두 사람의 이야기는 한 사람이 다른 사람의 곁을 지켜주는 것만으로도 얼마나 따뜻하고 의미 있는 위안이 될 수 있는지 보여 준다.

임상시험심사위원회 위원들은 심사숙고 끝에 우리가 연구를 계속할 수 있도록 승인했다.

3장

병상에서 바라본 세상

인생의 마지막에 찾아오는 꿈

젊은 사람들(의사들)에게
환자보다 더 재미있고 유익한 책은
결코 찾지 못할 거라는 사실을 알려 줘라.

— 조르지오 바글리비GIORGIO BAGLIVI

죽음의 과정에서
일어나는 일

　고령인 프랭크는 노쇠한 모습과는 사뭇 다른 놀라운 명민함을 보여 주는 환자였다. 그는 심한 울혈성 심부전으로 입원해 있었지만, 아흔다섯 살의 나이에도 여전히 자기 주변 환경을 분명히 인지하고 건설적인 대화를 나눌 줄 알았다. 프랭크는 마치 소중한 물건을 수집하듯 야구에 대한 모든 이야기를 수집했고, 야구 게임에 있어서는 그를 따를 자가 없었다. 프로 리그 시작부터 야구의 역사를 줄줄 꿰고 있었고, 선수, 팀, 시즌, 게임 중에 벌어졌던 역사적인 사건 등을 막힘없이 이야기했다. 프랭크는 1939년 처음 TV로 중계된 메이저 리그 경기를 기억했고, 야구의 전설이 된 선수들은 물론이고 그리 유명하지 않은 선수들의 이름까지 정확히 댈 수 있었다. 그는 선수들이 경기를 벌이기 전 자신이 냈던 시즌 통계의 정확성을 자랑하기도 했다. 야구에 대한 그의 열정은 어린 시절부터 그의 삶을 지탱해 준

원동력이었고, 야구는 여전히 그에게 싶은 만족감을 안겨 줬다.

그런데 프랭크는 정확한 기억력과 활발한 소통 능력을 지니고 있음에도 불구하고 휴식을 취하기 위해 눈만 감으면 고인이 된 친인척들이 병실 안을 가득 채우고 있는 모습을 보았다. 프랭크만 볼 수 있는 모습이었다. 그는 그런 현상을 계속 반복해 겪고 있었지만, 그렇다고 정신질환의 징후로 볼 만한 사안은 아니었다.

하루는 프랭크가 편안하게 휴식을 취하고 싶다며 약을 달라고 해 그의 병실로 찾아갔다. 그날 아침 프랭크는 담당 간호사 팸에게 큰 소리로 인사를 건넸다.

"빌어먹을 내 의사는 어디 있지?"

프랭크는 내가 병실로 들어가기 전부터 감정이 격해진 상태였고, 팸은 그날따라 그가 짜증이 심하다며 내게 주의를 줬다. 프랭크는 철강 노동자였고, 그는 무엇이든 자기 뜻대로 해야 직성이 풀리는 사람이었다. 물론 나도 그 안에 포함됐다. 병실로 들어가 그에게 몸이 좀 어떠냐고 물었더니 그는 침대에서 벌떡 일어나 "잠을 잘 수가 없네. 이봐, 의사 양반. 해리 삼촌을 만나서 참 좋긴 한데, 그가 입 좀 다물었으면 좋겠어." 알고 보니 해리 삼촌은 46년 전에 죽은 사람이었다.

임종 전 마지막 단계에서는 보통 아주 깊고 편안한 잠에 빠지곤 한다. 가끔 수면을 방해하는 산발적 각성 상태에서는 더 많이 자는 것처럼 보인다. 이 같은 현상은 예상치 못한 변화를 가져오기도 한다. 수면-각성 상태에서는 강렬하고 생생한 꿈이나 환영을 자주 경험하면서 깊은 잠에 빠져들지 못하게 된다. 기진맥진해진 환자는 이 같은 변화를 제대로 받아들일 준비가 돼 있지 않아 당황하는 모습을 보일 수도 있다. 프랭크는 특히 그랬다.

프랭크가 세상을 떠나기 3일 전 의식이 왔다 갔다 하다가 갑자기 놀라며 소리를 질렀다.

"지금은 1927년이다! 내가 소년이야! 어떻게 된 거지?"

프랭크는 꿈과 환영이 너무나 생생해 그러한 마술을 부릴 수 있는 방법을 우리에게 묻지 않을 수 없었다. 그는 자신이 본 장면들이 실제로 일어난 일들이라고 굳게 믿고 있었다. 그는 누군가가 속임수를 써서 그런 일이 일어났을 거라고 생각했다. 그의 신체는 그 기능을 점점 잃어가고 있었지만, 그의 정신은 여전히 또렷한 의식에 기반하고 있었다. 프랭크는 자신이 누구고 어디에 있는지 분명히 알고 있었지만, 자신이 경험하고 있는 것 역시 또 하나의 현실로 인지하고 있었다.

시간이 지나면서 프랭크의 내적 세계는 그의 인생에서 가장 소중한 것, 바로 아내의 사랑을 다시 떠올리게 했다. 꿈에 아내가 등장했고 꿈꿀수록 그녀의 존재가 더 생생하게 느껴지면서 그의 마음도 더 편안해졌다. 결국 그는 우리에게 치료를 중단해 달라는 요청을 해 왔다. 치료를 거부하셨다는 그의 결정은 의학적으로 볼 때 적절한 선택이었다. 보통 환자가 의사보다 먼저 치료가 소용없다는 사실을 인지하며, 그 사실을 인지한 환자는 의사를 아무 의미 없는 의무감에서 해방시켜 준다. 프랭크는 '천국에 있는 루시'와 함께하고 싶어 했다. 우리는 그가 오랫동안 기다려 온 재회를 편안하게 할 수 있도록 도왔고, 그는 자신이 살아온 자기 본연의 모습으로 생을 마감했다.

나는 임상시험심사위원회 승인 도장이 아닌 프랭크 같은 환자들과 만남을 통해 임종 전 경험에 대한 증거를 수집하는 일이 우리의 도덕적 의무임을 확신하게 됐다. 죽음을 앞둔 환자들은 소통을 필요로 한다. 그들은 자신의 내면과 쇠약해진 몸 안에 갇혀 밖으로 잘 드러나지 않던 내적 세계를 표출할 시간을 필요로 한다. 그리고 그들의 그런 경험은 의학적으로 인정받아야 마땅하다.

우리의 연구 목적은 간단했다. 첫째는 임종몽과 임종시가 보편적으로 존재한다는 사실을 증명하는 것이고, 둘째는 환자의 관점에서 임종 전 경험의 보편성, 내용, 의미를 다루는 것이었다. 환자들이 직접 들려준 임종 전 경험을 문서화하기 위해서 우리는 보다 포괄적인 질문이 담긴 표준화된 설문지를 활용했다.

환자들이 연구에 참여하기 위해서는 연구에 참여하는 목적을 이해하고 동의할 수 있어야 했고, 그 내용은 임상시험심사위원회의 권고에 따라 여러 페이지에 걸쳐 자세히 설명돼 있었다. 연구에 참여할 환자들은 참관인이 보는 앞에서 그 문서를 읽고 서명해야 했다. 우리는 치매, 섬망, 혼란과 같은 경미한 인지 장애를 조금이라도 보이는 참가자들은 연구에 참여시키지 않았다. 참가자들은 죽음을 맞이할 때까지 거의 매일 인터뷰에 응했다. 앞서 다른 연구원들은 죽음이 임박한 순간을 무작위로 정해 그 순간에 한정된 데이터를 수집한 반면, 우리는 임종 과정을 며칠에서 몇 달에 걸쳐 진행되는 하나의 과정으로 정의해 관찰하며 조사했다.

우리 연구에 참여한 참가자 대부분은 자신의 의견을 공유할 수 있음에 기뻐했다. 그들 모두 눈앞에 닥친 죽음과 그 죽음에 대한 강박관념을 초월해 의미 있는 작업에 자신들이 동참할 수 있다는 사실에 감격했다. 그들은 더는 혼자가 아니었다. 환자들은 우리에게 항상 관심을 보였고, 안도감을 자주 표했으며, 때로는 고마운 마음을 전했다. "그러니까, 제가 미쳤다고 생각하지 않는다는 말씀이죠?"라는 질문은 일종의 만트라처럼 되어 버리기도 했다. 우리 환자들은 단순한 연구 대상이 아니었다. 그들은 협력자, 평론가, 공동 연구원, 피험자, 주인공들이었으며, 모두가 하나로 똘똘 뭉쳐 있었다.

환자들의
마지막 여정

브리짓은 만성 폐쇄성 폐 질환을 가진 여든한 살의 독실한 루터교 신자였다. 브리짓은 환시를 겪고 나면 어찌나 불안해하던지 평소답지 않게 과묵한 모습을 보이곤 했다. 꿈이 어찌나 생생한지 깨어 있을 때와 구분이 안 될 정도가 되자 그녀는 계속해서 질문을 던졌다. "왜 이런 게 보이죠? 제가 미쳐가고 있는 건가요?" 엄마 곁을 지키던 브리짓의 딸은 알 수 없는 그 상황에 무슨 말을 어떻게 해야 할지 몰랐다.

브리짓은 죽은 이모 두 명이 우두커니 서서 자신을 바라보는 꿈을 계속 꾸고 있다고 했다. 브리짓은 그 꿈에 이어서 빛나는 하얀색 롱 드레스를 입고 식탁에 앉아 뜨개질하는 어머니의 모습을 보기도 했다. 브리짓은 어머니의 목소리를 듣지는 못했지만, 그 모습을 보면서 아주 강렬한 존재감을 느꼈다. 브리짓은 스스로 '환시'라고 표현한 것들을 받아들이기 어려워했다. 그것들이 그녀의 믿음에 약간의 혼란을 주는 것 같았다. 삶의 끝자락에서 그녀가 본 것이 종교의 가르침과 달랐기 때문이다. 브리짓은 죽은 사람들이 아닌 천사를 볼 수 있기를 바랐다.

우리가 브리짓에게 그런 임종시가 흔한 현상이고 전혀 이상한 일이 아니라고 설명하자 축 처져 있던 그녀는 어깨를 활짝 펴며 안심했다. 우리는 우리가 수행한 연구의 결과를 인용해 설명하기도 했다. 실제로 우리 환자 중 80% 이상이 연구 기간 최소 한 번은 임종몽이나 임종시를 경험했다고 보고했다. 그때부터 브리짓은 자신의 임종 전 경험에 대해 우리와 아주 편안하게 의논했다.

환자가 자신의 임종몽과 임종시를 이야기하고 인정받을 수 있을 때, 삶의 마지막 여정은 새로운 단계로 나아가 다시 온전한 삶을 되찾는 과정이 될 수 있다. 우리는 연구를 통해 환자들이 자기 자신, 자신이 사랑한 사람들, 자신을 사랑해 준 사람들과 가까워지는 데 임종 전 경험이 도움을 준다는 사실을 확인했다. 임종 전 경험은 온전한 자아를 지키고 회복시키는 역할을 한다. 우리가 돌보는 말기 환자들의 이야기 속에는 그들이 발견한 특별한 의미와 자존감을 회복하고, 상처를 치유하고, 유대감을 회복하는 내적 여정이 담겨 있었다. 보통 그 여정은 그들을 가장 사랑했고 그들이 가장 필요로 했던 사람들과의 재회를 의미했다.

전이성 대장암 진단을 받은 쉰한 살의 개신교 신자였던 라이언도 처음에는 브리짓처럼 걱정했다. "제가 미쳐 가고 있는 걸까요? 이 사람들 중 일부는 못 본 지 한참 됐거든요." 그런데 임상적으로 개선 효과가 나타나면서 임종몽과 임종시를 더 이상 겪지 않게 된 그는 한숨을 쉬며 말했다. "이제 현실로 돌아왔어요. 현실로 돌아오기 전이 그리워요."

라이언은 결혼한 적도 없고, 자신이 나고 자란 지역을 벗어난 적도 없었다. 틀림없이 그가 사회적으로 성공하는 데 어느 정도 제약이 있었을 것이다. 그러나 그는 삶이 주는 소박한 기쁨과 끈끈한 애정을 바탕으로 엄청난 기쁨을 느꼈다. 그에게는 의리로 똘똘 뭉친 친구들이 있었고, 그들 대부분은 어릴 때부터 친구였다. 라이언은 1970년대와 그 시절에 즐기던 음악과 문화를 사랑했고, 그 시절의 추억에서 벗어날 생각이 없어 보였다. 그가 세상을 바라보는 기준은 가상의 타임캡슐이라 할 수 있는 로큰롤 시대에 단단히 고정된 듯했다.

죽음을 앞둔 시점에서 그는 꿈속에서 살아 있는 친구들과 이미 고인이 된 친구들을 동시에 만났고, 그가 그동안 참석했던 모든 콘서트에 그들과 함께 가는 꿈을 꿨다. 주말마다 차고에서 중고 물품을 판매하던 곳도 꿈에서 다시 찾아갔다. 그가 별 생각 없이 돌아다니면서 주로 오래된 앨범을 찾아다니던 곳이었다. 라이언은 자기가 사는 지역 내에 있는 강으로 낚시를 가는 꿈도 꿨다. 또 어떤 때는 어디를 향해 가고 있는지 알 수 없지만, 친척들과 함께 여행을 떠나는 꿈을 꾸기도 했다. 그렇게 꿈을 꾸는 순간에 라이언은 질병으로 인한 걱정이나 부담 없이 소중한 기억 속에서 온전히 살아 있음을 느꼈다.

말기 진단을 받으면서 나타난 신체적 합병증은 라이언에게는 일종의 모욕이었다. 더 이상 활동적인 삶을 살 수 없었기 때문이다. 그가 그러한 현실을 받아들이기 위해서는 임종몽을 통해 다시 자유를 경험하는 것이 필요했다. 임종몽을 통해 그는 자신의 신체적 쇠퇴에도 불구하고 친구, 음악, 소박한 모험과 함께하며 충만함을 느끼던 자기 자신, 그리고 친근하고 명랑한 삶이 주던 따뜻함을 다시 느낄 수 있었다.

우리는 연구에서 환자들의 죽음이 가까워짐에 따라 그들의 꿈에 등장하는 인물이 살아 있는 사람에서 죽은 사람으로 바뀌어 가는 양상을 보인다는 사실을 밝혀냈다. 가장 중요한 패턴을 두 가지로 요약할 수 있었다. 환자들의 임종이 가까워지면서 임종 전 경험의 빈도수가 증가했고, 살아 있는 사람보다 죽은 사람이 더 많이 등장했다. 간호사 낸시는 톰이 돌아가신 어머니에 대한 꿈을 더 자주 꾸기 시작했을 때, 그의 죽음이 임박했음을 짐작했는지 모른다. 프랭크 역시 생을 마감하기 전까지 비교적 명민한 상태를 유지하기는 했지만, 우리는 죽은 이들의 잦은 방문으로 더 자주 수면 장애에 시달리는 그의 모습을 보면서 그의 죽음이 임박했음을 짐작할 수 있었다. 임종이 가까워질수록 임종몽과 임종시의 빈도수나 등장인물에 변화가 나타난다는 사실을 감안할 때, 고인이 등장하는 꿈은 사망의 전조를 보여 주는 예지적 의미를 담고 있다고 볼 수 있다.

설문 조사에 따르면, 환자들은 고인이 된 친인척이나 친구와 관련된 임종 전 경험을 통해 가장 큰 위안을 받았다고 평가했다. 이는 죽음을 비탄, 슬픔, 분투 등과 연결 짓는 우리 문화에서 깜짝 놀랄 만한 반전이라 할 수 있는 결과였다. 환자들이 고인을 보면서 느끼는 위안의 강도를 점수로 매겼을 때 5점 만점에 4.08점이라는 평균값이 나왔다. 살아 있는 사람을 보면서 느끼는 위안의 강도는 그 평균값이 5점 만점에 2.86점이었다. 위안 효과가 있는 것으로 가장 많이 보고된 임종 전 경험은 고인이 된 친구나 친인척과 관련된 내용(72%)이 가장 많았고, 생존해 있는 친구나 친인척, 죽은 반려동물이나 동물, 과거의 의미 있는 경험, 마지막으로 종교인과 관련된 내용이 그 뒤를 이었다. 모든 데이터를 종합해 보면, 우리의 내적 세계가 우리가 사랑하고 떠나보낸 사람들로 더 많이 채워짐에 따라 죽음에 대한 두려움이 누그러지는 특별하고도 고유한 메커니즘이 임종 과정에 내재해 있다는 사실을 알 수 있다. 놀랍게도, 우리는 가장 기본적인 욕구와 관계, 그리고 일상생활의 소박한 행복이 담긴 순간에서 가장 큰 위안을 얻는 것으로 밝혀졌다.

로즈메리가 임종 직전에 꾼 꿈 중 하나는 가족 모임에 대한 것이었는데, 다 함께 모여 먹고 마시고 즐거워하는 내용이었다. 그런데 그 즐거운 꿈속에서 그녀는 딸 베스가 여행 준비를 하는 환시를 동시에 볼 수 있었다. 로즈메리는 가족 모임이 끝나갈 무렵 챙겨야 할 물건을 고르는 베스와 베스를 지켜보는 가족들을 볼 수 있었다. 베스는 자신이 직접 만들고 판매했던 아름다운 꽃무늬 실크 스카프들을 챙겨 짐을 싸고 있었다. 즐거운 가족 모임과 딸이 곧 떠날 상황의 대비는 로즈메리가 삶의 마지막 여정을 두고 자주 언급했던 자신의 상반된 감정을 드러내 보여 주고 있었다. 로즈메리는 가족 모임이 주는 따뜻함에 안도감을 느끼는 한편, 곧 있을지 모르는 헤어짐을 떠올리고 있었다. 이처럼 가장 복잡한 감정들, 즉 슬픔과 인정, 기쁨과 그리움, 결합과 부재 등 상반된 감정들이 한데 뒤섞여 임종몽이나 임종시에 그대로 투영되기도 했다.

또 다른 연구에서 우리는 뚜렷한 주제의 범주를 확인할 수 있었다. 예컨대, 많은 환자가 자기 꿈속에 나온 죽은 친구와 친인척의 모습을 설명하면서 자기를 꼭 껴안아 주는 듯한 조용한 모습으로 '바로 거기에' 서서 '나를 기다린다'고 묘사했다. 이렇게 침묵하며 지켜보는 모습에서 그들은 어떤 판단도 개입되지 않은 순수한 사랑과 따뜻한 안내를 경험할 수 있었다. 브리짓은 고인이 된 두 이모가 그녀에게 나타나 가만히 서서 잠든 그녀를 조용히 지켜보고 있는 모습이 자기에게 큰 위로가 됐다고 단언했다. 브리짓은 두 이모의 사랑을 시공간을 초월해 느낄 수 있었다.

우리 연구에 참여한 환자 중 3분의 1 이상이 임종몽이나 임종시를 통해 여행하기와 떠날 준비하기라는 공통 주제를 경험하는 것으로 나타났다. 흥미롭게도 라이언의 경우와 마찬가지로, 여행에 목적지가 없다는 사실에 그들은 보통 불안감이 아닌 안도감을 느꼈다. 환자들은 떠날 준비를 하는 그 경험이 자신에게 위안이 된다는 사실을 인정하면서, 비행기와 기차에 오르고, 자동차와 버스를 타고, 택시나 다른 교통수단을 이용하는 자신과 다른 사람들의 모습을 묘사했다.

병상에 누워만 있는 현실도 일흔 살의 췌장암 환자 줄리가 꿈속에서 여행하는 것을 막지는 못했다. 사실, 그녀가 자유롭게 움직이지 못하는 현실이 그녀가 꾼 꿈의 촉매제 역할을 했을 가능성이 높다. 줄리는 그 여행이 자신을 어디로 데려갈지 알지 못했고, 알고 싶지도 않았다. 줄리가 숨지기 13일 전, 그녀는 '자기를 데리러 왔다'고 말하는 어머니와 죽은 두 아들을 머리맡에서 여러 차례 봤다고 이야기했다. 숨지기 일주일 전, 줄리는 더 이상 말을 하거나 움직일 수 없음에도 불구하고 침대에서 계속 일어나려 했다. 그녀는 자신이 가야 할 곳이 있음을 알고 있었다.

임종 전 경험을 통해 여러 주제와 범주가 반복돼 나타난다는 사실을 확인할 수 있었고, 우리는 계속 그 내용을 논문을 통해 소개했다. 그러나 낸시나 로즈메리와 같은 환자들이 우리에게 준 근본적인 가르침은 아이러니하게도 '중요한' 것은 단순한 수치나 통계는 물론이고 우리의 선의가 담긴 주제의 범주로도 설명하기 어렵다는 점이었다.

현실보다
더 생생한 꿈

임종 전 경험에 대한 보편적인 반응으로는 '평상시 꿈'과는 완전히 '다르다'는 것이었다. 우리가 녹음한 진술 중 가장 흔한 내용으로는 '평소에는 꿈이 잘 기억나지 않지만, 이번에 꾼 꿈은 달랐다' '실제보다 더 현실감이 느껴지는 꿈이었다' '마치 실제로 일어난 일 같았다' 등이 있었다. 환자들은 자기들이 꾼 꿈이 실제 상황 같았을 뿐 아니라 너무나 생생했다고 강조해 말했다.

임종 전 경험에서 느낀 현실감의 강도를 묻는 질문에서 환자 대부분이 10점 만점에 10점을 부여했다. 수면 중에 겪든 깨어 있을 때 겪든 환자들의 임종 전 경험은 아주 생생했다. 환자들은 두 눈으로 직접 죽은 사람을 목격했다고 주장하는 사람들이 보통 그런 것처럼 자신의 경험을 아주 고집스럽게 '환시'라고 주장하곤 했다.

환자들을 대상으로 한 설문 조사에서 임종 전 경험 중 45%가 수면 중에 일어났고, 16%는 깨어 있는 상태에서 발생한 것으로 드러났다. 또 39% 이상이 수면 상태와 각성 상태를 가리지 않고 발생하는 것으로 나타났다. 물론 이러한 통계에는 임종 과정에서 나타나는 경계심의 변화 정도, 즉 각성 상태에까지 영향을 미치는 강렬한 꿈에 의한 수면 장애뿐 아니라 환자가 꿈을 꾸고 있다는 사실을 자각한 상태에서 꾸게 되는 현실적이고 생생한 꿈도 반영돼 있다. 그러나 각자의 상황 여하를 불문하고 우리 환자들은 임종 전 경험을 자신들이 지금까지 겪어 본 경험 중 가장 또렷하고 생생하며 실제적인 경험이었다고 묘사했다. 환자들의 이런 진술은 연구원들이 임종 과정에서의 각성 상태를 정의하는 것을 더욱더 어렵게 만들기도 하지만, 깨어 있을 때처럼 너무나 생생하고 강렬한 임종몽과 임종시를 경험한 환자들에게 그런 정의 따위는 아무래도 아무 상관이 없다.

아흔한 살의 앤이 울혈성 심부전으로 우리 병동에 입원했을 때, 오래 전 세상을 떠난 언니가 보이는 환시를 아주 심하게 겪고 있었기 때문에 하루는 일어나자마자 주위를 둘러보며, "에밀리 언니는 어디 있지?" 하고 물었다. 에밀리는 16년 전에 이미 세상을 떠났지만, 앤에게 보이는 에밀리의 모습은 눈앞의 의사를 보는 것만큼이나 현실적이었다. 앤은 그 뒤에 급성 호흡 곤란 증상으로 다시 입원했고, 병실에서 깨어나서는 아무것도 없는 천장을 올려다보며 그곳에 뭐라도 있는 것처럼 행동했다. 한 번은 그녀가 침대에 일어나 앉아 누군가를 껴안으려는 듯 천장을 향해 두 팔을 뻗기도 했다. 앤은 가족들에게 "이제 내가 죽을까?" 하고 묻곤 했다. 그녀의 건강 상태가 호전되자 그녀는 잠에서 깨어나 주위를 둘러보더니, 병상에 누워 있던 자기 곁을 에밀리가 계속 지켰다고 설명하면서 죽은 언니에 대해 다시 물었다. 앤은 또 집 근처에서 일상적인 생활을 하는 더 젊은 모습의 에밀리가 보이는 꿈을 자주 꾼다고 했다. 그녀는 언니의 모습을 자세히 묘사할 수 있었다. 앤은 에밀리의 튼튼하고 돌출된 턱과 느슨하게 묶어 올린 금발 머리를 묘사했고, 그녀가 옷소매를 팔꿈치까지 자연스럽게 걷어 올린 축 늘어진 연두색 면 저지 드레스를 입고 있다고 했다. 앤은 에밀리가 손으로 입을 가리고 웃는 모습을 묘사하기도 했다. 에밀리는 거의 아무 말도 하지 않았지만, 에밀리가 보이는 꿈은 앤의 마음을 따뜻하게 했고 기운 나게 했다. 앤은 언니처럼 젊어진 모습으로 언니와 함께 산책하는 자신의 모습을 마음속에 그리곤 했다. 앤은 다섯 남매 중에서 그녀를 길러주다시피 한 언니 에밀리와 가장 가까운 사이였다. 앤은 "나는 혼자 가지 않을 거야. 에밀리가 나와 함께해 줄 거니까."라고 말하곤 했다.

나는 앤이 보고 느낀 것들을 모두 다 알고 공감할 수는 없었지만, 그녀가 외로워하지 않고 위로를 받으며 편안해하는 모습에 감사했다. 다음날에도 앤은 계속해서 언니가 보이는 꿈을 꿨고, 이틀 뒤 그녀는 임상적으로 안정을 취하고 다시 수면을 취할 수 있게 되자 집으로 퇴원했다. 대부분 환자는 죽음을 향한 신체적 쇠퇴가 지연되면 그와 동시에 임종 전 경험도 중단된다. 라이언이 그랬던 것처럼 앤도 더 이상 환시가 나타나지 않는 상황을 못내 아쉬워했다. 앤은 한 달 후에 집에서 평화롭게 생을 마감했다. 비록 그녀가 죽음을 맞이하는 그 순간에 함께하시는 못했지만, 나는 그녀가 혼자서 이 세상을 떠났을 거라고 생각하지 않는다.

어떤 꿈은 기억을 재구성한다

임종 전 경험의 또 다른 특징으로 기억을 재구성하거나 편집하는 기능을 들 수 있다. 흔히 유년기에 기원을 둔 중요한 순간들이 요약이나 수정을 거쳐 재구성되면서 환자의 가장 절박한 욕구가 해소되거나 보상받게 된다. 평생을 노동자로 살다가 대장암 말기 판정을 받은 일흔세 살의 팀은 임종 전 경험을 통해 가난에 시달리던 어린 시절의 고통에서 벗어나 추억을 다시금 생생하게 체험할 수 있었다. 팀은 처음에 그의 부모님, 조부모님, 오랜 친구들을 보기 시작했고, 그들은 계속해서 그에게 "넌 괜찮을 거야."라고 말했다. 그러고 나서 팀이 숨지기 나흘 전, 그는 꿈속에서 십 대 초반의 소년으로 돌아갔다.

그는 버펄로 남부의 블루칼라 지역에서 대공황의 비극을 겪으며 자랐다. 그곳에서 그는 삶이 망가져 떠돌아다니는 사람들을 무기력하게 지켜봤다. 그의 아버지는 저임금 일용직을 전전하며 가족을 부양하기 위해 고군분투했다. 당시 그 힘든 시기를 견뎌내야 했던 다른 사람들과 마찬가지로 팀의 행복을 갉아먹는 가장 큰 공포는 아등바등 겨우 먹고살면서 절망 속에서 희망과 삶의 목적을 찾으려는 가족 전체의 몸부림이었다.

팀의 임종몽은 어려운 삶으로 인한 불안의 무게를 덜어내는데 도움을 줬다. 팀은 집에 들어갔다 나왔다 하는 어린 소년의 모습으로 돌아갔다. 꿈속에서 먼저 그는 부엌을 지나갔고, 곁눈질해 보니 무릎을 꿇고 기도하는 어머니가 보였다. 그 장면이 지닌 의미는 명확했다. 팀은 어머니의 깊은 신앙심이 그의 가족에게는 힘의 원천이나 마찬가지였다고 설명했다. 그러고 나서 그는 옆집에 사는 가장 친한 친구를 만나기 위해 집 밖으로 걸어 나오는 자기 자신을 볼 수 있었다. 그 친구는 야구 방망이와 공을 들고 있었고, 팀에게 같이 야구를 하자고 했다. 의미심장하게도, 그 친구는 평생 팀의 가장 친한 친구로 남게 될, 그리고 언젠가 그의 처남이 될 사람이었다. 마침내 그는 손수레를 끄는 아버지의 모습을 봤다. 아버지의 그 모습은 고용과 회복된 자존감을 나타내는 일종의 상징이나 다름없었다. 오래전 팀이 받았던 정신적 상처가 치유되면서 그의 어린 시절의 세계는 이제 안전한 삶이 유지되는 완전한 곳이 돼 있었다.

팀이 자신의 꿈 이야기를 하는 동안, 나는 그의 얼굴에서 힘없이 죽어 가는 남자의 모습이 아닌 어린 시절의 사랑을 재발견한 한 아이의 초롱초롱한 눈빛을 발견했다. 3막으로 이뤄진 연극처럼 보이는 각 장면, 즉 기도하는 어머니, 공놀이하는 친구, 일터에 나가는 아버지의 모습에서 그의 유년기에 가장 큰 영향력을 행사한 사람들은 사랑이라는 공통된 주제를 각각 다른 방식으로 보여 줬다. 꿈에서 본 장면들은 그가 성장하는 데 있어서 가장 중요했던, 그리고 그 자신을 존재하게 해 준 여러 겹의 관계를 다양한 방식으로 규정해 줬다. 그의 뿌리 깊은 불안과 욕구에 상응하는 다면적이고 유의미한 현실이 꿈을 통해 재구성됐다. 팀도 자신이 꾼 그 꿈이 자신에게 온전함과 평온함을 되찾아 준 일등 공신이라고 인정했다. 그는 다른 많은 환자와 마찬가지로 임종몽을 통해 말과 언어를 초월하는 깊은 연결감을 느꼈다. 환자들은 꿈속에서 굳이 많은 말을 하지 않아도 많은 것을 이해하고 있는 것처럼 보였다.

팀의 꿈속에 나온 장면들은 과거의 의미 있는 사건들이 요약되고 재정리되면서 새로운 모습으로 재현된 것들이며, 팀은 그 모습들을 재확인하면서 어린 시절 그에게 가장 큰 힘과 희망을 줬던 것들을 다시 조명해 볼 수 있었다. 다른 환자들의 경우, 이러한 현실 재구성에 훨씬 더 과감한 편집 과정이 수반되기도 한다.

만성 폐쇄성 폐 질환으로 말기 판정을 받은 여든아홉 살의 베벌리는 임종몽을 통해 과거에 사랑을 주지 않았던 사람을 기억에서 지움으로써 과거에 자신을 사랑해 준 아버지와 다시 연결될 수 있었다. 어린 시절의 베벌리는 괜한 집안일을 끝도 없이 시키는 매정하고 폭력적인 어머니 밑에서 자랐다. 어린 베벌리는 칫솔로 가구를 몇 시간씩이나 문질러 닦아야 했다.

죽음의 문턱에서 베벌리의 임종 전 경험은 그녀를 어린 시절로 되돌려 놓았지만, 자신이 한없이 하찮게 느껴지도록 만들었던 어머니는 보이지 않았다. 그녀는 꿈속에서 아홉 살의 소녀로 돌아갔고, 당시 그녀에게 유일한 사랑을 아낌없이 줬던 아버지하고만 시간을 함께했다. 베벌리는 자신의 어린 시절을 지탱해 준 과거의 일상으로 돌아간 자신의 모습을 볼 수 있었다. 꿈속에서 그녀는 우편배달을 하는 아버지를 만날 수 있는 방과 후 시간만을 간절히 기다리고 있었다. 베벌리는 아버지의 우편배달 경로를 모두 다 꿰고 있었고, 집에서 멀리 떨어진 숲 끄트머리에 있는 밭을 아버지가 언제 지나갈지 정확히 알고 있었다. 베벌리는 신나게 달려가 아버지의 손을 잡고 아직 남아 있는 우편물을 함께 배달했다.

죽음이 가까워지자 베벌리는 그동안 살아온 세월이 무색할 만큼 모든 기억이 희미해졌고, 좋지 않은 기억들도 더 이상 떠오르지 않았다. 죽음을 앞둔 베벌리에게 중요한 것은 그녀를 현재에서 과거로 다시 데려간 아버지의 사랑에 대한 따뜻한 기억뿐이었다.

장애의 상처에서
해방되는 꿈

우리는 임종 전 경험이 임종을 편안하게 맞이할 수 있도록 하는 위안 효과가 있다는 생각으로 연구를 기획했다. 임종 전 경험은 죽음을 맞이하는 인생의 마지막 순간뿐 아니라 인생 전반을 다룬다. 종종 아픈 상처로 남아 있는 기억을 없애거나 새로운 결말을 제시함으로써 환자들에게 영향을 미치기도 한다. 과거에 겪었던 큰 고통을 치유하고 그 고통의 원인을 바로잡을 수 있는 다양한 해결책을 임종 전 경험을 통해 얻게 되는 것이다.

여든여덟 살의 스콧이 바로 그런 경험을 한 환자였다. 스콧은 임종 전 경험을 통해 자신에게 가장 큰 트라우마로 남은 사건이 발생했던 때로 되돌아갔다. 스콧은 대공황 시기에 버펄로의 가난한 노동자 집안에서 성장한 여덟 명의 어린 자녀 중 한 명이었다. 스콧은 열 살 때 친구들과 기차에 뛰어오르다가 오른쪽 팔을 잃었다. 그 사고로 어린 시절 놀림을 받으며 자랐고, 평생을 장애와 싸워야 했다. 어린 나이에 갑자기 팔을 잃으면서 그는 일상생활에서 가장 기본적인 일조차 제대로 할 수 없게 됐다. 혼자서 목욕을 하거나 옷을 갈아입기도 쉽지 않았고, 자신을 이상하게 바라보는 친구들과 잘 어울릴 수도 없었다.

어른이 된다는 것은 기본적인 생계유지에 필요한 일자리를 구해야 한다는 것을 의미했고, 일자리가 비장애인에게 한정된 현실에서는 자식을 생각하는 어머니의 사랑마저 공포가 됐다. 스콧의 어머니는 그가 십 대 때 '더 나은 교육'을 받을 수 있도록 위탁 가정에 맡기기까지 했다. 그러한 결정에 스콧은 더 큰 수치심을 느꼈고, 자신이 앞으로 독립적으로 살아갈 수 있을지, 그리고 사랑받을 수 있을지 확신이 들지 않았다. 스콧은 나중에 정비 일을 하는 안정된 직업을 구하고도 어린 시절의 트라우마로 인한 상처에 계속 시달려야 했다. 그의 두려움은 그가 계속 일할 수 있을지에 대한 걱정을 넘어 그의 정체성에까지 부정적인 영향을 미쳤다.

그런 스콧이 임종을 앞두고 '즐거운 직장생활'에 대한 꿈을 꾸기 시작했다. 죽음이 임박하자 그는 임종 전 경험을 통해 맡은 일을 잘 수행하고 아무도 해결하지 못한 일들을 척척 해내는 자신의 모습을 볼 수 있었다. 전에는 불안해 보이기만 했던 자신이 이제는 탁월한 능력을 발휘하는 사람이 돼 있었다. 심지어 스콧은 그를 '훌륭한 일꾼이자 친구'였다고 번갈아 가며 이야기해 주는 옛 동료들이 나오는 꿈까지 꾸곤 했다. 스콧이 신체적으로나 정신적으로 겪었던 상처에서 해방되기 위해서는 그가 다시 온전함을 느낄 수 있도록 과거의 사건들이 재구성될 필요가 있었다. 그렇게 그는 어린 시절의 돌이킬 수 없는 신체적·정신적 상처들을 인생의 마지막 순간에 다시 바로잡을 수 있었다.

전쟁터로 돌아간
참전 용사

　지속적인 불면증으로 우리 시설에 입원했던 다른 환자도 비슷한 방식으로 임종 전 경험을 겪었다. 그는 훈장을 받은 참전 용사 존이었다. 존은 말기 심부전 진단을 받았으나, 그 질환 때문에 계속 불면증에 시달린 것은 아니었다. 그의 병실에 들어가자 어깨가 떡 벌어진 체격의 한 남자가 있었다. 그는 너무 많은 것을 보고 기진맥진해 정신이 나간 듯한 얼굴을 하고 있었다. 존은 아이젠하워 장군^{General Eisenhower}이 제2차 세계 대전의 위대한 십자군 전쟁이라 명명했던 노르망디 상륙 작전에 참가한 용사였다. 존에게 몸 상태를 물었을 때, 그는 세 단어로 요약해 말했다. "전쟁과 관련된 증상이죠." 그는 그렇게 답하고는 자세히 내용은 가족들이 설명하도록 했다.

　존의 가족들은 그가 몇 주 전까지만 해도 전쟁 경험에 대한 이야기는 언급조차 하지 않았는데, 이제는 그 끔찍한 노르망디 상륙 작전의 대학살 이야기를 하지 않으면 눈을 감지도 못한다고 설명했다. 그는 똑같은 악몽에 계속 시달렸고, 땀에 흠뻑 젖은 상태로 잠에서 깨어나곤 했다. 존이 뇌리를 떠나지 않는 전쟁의 기억을 담담하게 받아들이기 위해서는 임종 전 경험이 필요했다. 그는 가족들에게는 비밀로 했던 과거의 경험담을 기회가 될 때마다 내게 자세히 들려줬다. 어쩌면 존은 참전 후 생긴 불면증과 연관이 있는 전쟁의 고통과 악몽을 가족들은 모르길 원했는지도 모른다. 아니면 자신이 느끼는 그 공포를 무슨 말로 어떻게 표현할지 몰랐을 수도 있다.

존이 미국 해군 전함인 USS 텍사스와 나란히 노르망디 해안에 입항한 증기선 SS 제임스 L. 애커슨의 포병으로 배치됐을 때, 그의 나이는 겨우 스무 살이었다. 그는 군인으로서 의무를 다하고 조국의 이념을 따르는 자랑스러운 텍사스인으로 평생을 살아가고도 남을 사람이었다. 1944년 6월 7일, 존은 오마하 해변에 파견된 보병 사단의 일원이었다. 그들의 임무는 해안가에 있는 다른 부대에 고립된 병사들을 구출하는 것이었다. 그들은 임무를 성공적으로 완수해 부상을 당한 레인저 부대원들을 상륙정에 태우고 돌아왔다. 존은 그렇게 임무를 완수하고 돌아와서도 오마하 해변에 상륙하면서 봤던 심하게 훼손된 시체들이나 떠다니는 팔다리의 모습을 결코 잊지 못했다. 전쟁의 끔찍한 참상은 그의 뇌리에 박혀 평생 그를 괴롭혔다.

존은 호스피스 병상에서 죽음을 기다리면서 이미 전사해 구해낼 수 없었던 미군들이 등장하는 악몽에 시달렸다. 그는 그

악몽을 이렇게 묘사했다.

"죽음뿐이에요. 주위에 온통 전사한 병사들뿐이라고요."

불안해하는 사람들을 본 적은 있었지만, 존은 그냥 불안해하는 정도가 아니었다. 겁에 질려 있었다. 그의 공포가 훤히 보이는 듯했다. 감히 내가 이제 막 스무 살이 된 나이에 전쟁의 공포 속에서 죽을 뻔했던 한 청년의 심정을 온전히 헤아릴 수는 없을 것이다. 나는 말로는 다 표현할 수 없는 그 공포의 현장으로 되돌아간 나이 든 모습의 존을 지켜볼 뿐이었다. 존은 자신이 꾼 악몽이 너무나 생생하고 현실적이어서 실제 상황처럼 느껴졌다고 말했다. 그는 정신적 고통에 시달렸고, 괴로운 감정은 꿈에도 그대로 반영됐다.

며칠 뒤 완전히 달라진 그의 모습은 그래서 더 놀라웠다. 존의 상태를 확인하러 갔더니 그는 눈에 띄게 편안한 얼굴을 하고 있었다. 심지어 아주 평화로운 모습이었다. 그는 이제 잠도 잘 잤고, 웃음을 지으며 대화도 나눴다. 존은 최근에 자신이 꾼 꿈 덕분에 증세가 많이 좋아졌다고 했다. 존을 기분 좋게 해 준 첫 번째 꿈에서 그는 군대에서 제대증을 받던 날로 다시 돌아갔다. 그의 두 번째 꿈 이야기는 악몽처럼 들릴 수도 있지만, 그에게는 결코 악몽이 아니었다. 두 번째 꿈에서는 오마하 해변에서 전사한 한 군인이 그에게 다가와, "조만간 그들이 와서 너를 데려갈 거야."라고 말했다. 존은 본능적으로 '그들'은 다름 아닌 전우들을 뜻한다는 것을 알았고, 그 꿈이 심판받는 것이 아니라 전우들과의 재회를 의미한다는 것을 알았다. 그는 마침내 고통의 굴레에서 벗어날 수 있었다. 그는 이제 눈을 감고 쉴 수 있었다. 존의 임종 전 경험은 그가 겪은 현실이나 전쟁을 부정하지 않고, 그가 힘들게 얻어 낸 평화를 인정해 주는 방식으로 그의 현실과 전쟁의 참상을 재구성해 보여 줬다. 67년간 전쟁에 대한 끔찍한 기억에 시달리며 싸워 왔던 스무 살의 용감한 청년의 영혼은 마침내 그 부당한 고통과 자신을 짓누르던 엄청난 의무감에서 벗어날 수 있었다.

존의 이야기는 아주 힘겨운 내용을 담고 있는 꿈이라 할지라도 죽음을 앞둔 환자들에게 심리적으로나 정신적으로 상당히 유익한 위안 효과를 줄 수 있다는 사실을 보여 준다. 존의 경우, 오마하 해변에서 학살된 전우들에 대한 끔찍하고 고통스러웠던 기억이 한때 그가 저버렸다고 생각했던 전우애가 다시 살아난 현장의 기억으로 탈바꿈했다. 존은 도저히 다 채울 수 없었던 의무감과 떨쳐 버릴 수 없었던 수치심에서 벗어날 필요가 있었다. 무엇보다 중요한 것은 존이 전우들을 구하지 못한 자기 자신을 용서해야 한다는 것이었다. 다행히 그는 임종몽과 임종시를 통해 스스로를 용서할 수 있었다.

아들을 만나기 위해
죽음을 유예한 환자

임종 전 경험은 용서받고 싶은 욕구든, 사랑받고 싶은 욕구든, 평화를 얻고 싶은 욕구든 환자 개개인의 고유한 욕구를 채우는 데 도움을 준다. 종종 환자의 그 열망이 너무도 강력해서 꿈의 내용뿐 아니라 현실에까지 영향을 미치기도 한다. 우리는 숨을 거두기 전에 특정 기념일, 생일, 방문객 등을 기다리는 말기 환자들에 대한 이야기를 자주 듣는다. 나는 호스피스 버펄로에서 일하기 전에는 이러한 현상이 그저 병원에서 전해져 내려오는 이야기 중 하나이며, 그 이야기의 출처는 그러한 현상을 뒷받침하기 위해 내놓는 증거만큼이나 불분명할 거라고 생각했다. 그러다가 아흔여덟 살의 여자 가장 메이지를 만났다. 메이지는 아들 로니가 병원에 도착할 때까지 절대 죽을 수 없다고 말했다.

메이지는 8년 동안 아들을 보지 못했다. 두 사람 사이에 무슨 문제가 있었거나, 아니면 세월이 쏜살같이 지나가 모자가 못 본 지 어느새 8년이나 됐는지도 모른다. 때로는 그 이유를 굳이 묻지 않는 게 더 나을 때가 있다. 메이지가 벌써 며칠 전부터 식사를 하지 않고 말도 하지 않는 상태였기 때문에 우리는 그녀가 죽음의 문턱에서 불안정하게 버티고 있다고 판단했다. 그녀 주위에 친지들이 모여들어 이런저런 이야기를 나누고 있었다. 물론 그들은 메이지와 직접 이야기를 나누지는 못했다. 메이지는 외견상으로 의식을 잃은 것처럼 보였기 때문이다. 그들은 평생 백 명이 넘는 수양 자녀를 보살펴 온 메이지에 관해 이야기하고 있었다. 그들은 메이지가 그들이 하는 이야기를 알아들을 수 있다는 사실을 알지 못했다. 누군가 한 사람은 자기네들이 오리건에 있는 메이지의 친아들 로니를 추적해 달라고 경찰에 요청했고, 로니가 버펄로행 비행기를 예약했다고 말했다. 친지들은 로니가 제때 도착하지 못해 메이지의 임종을 지켜보지 못할까 봐 걱정했다.

다음 날, 메이지가 눈을 뜨고 침대에서 일어나 앉더니 울면서 남편의 이름을 부르짖었다.

"아모스! 나의 아모스! 지금 당장은 갈 수 없어요. 우리 아들이 오고 있어요."

아들 로니는 바로 그날 도착했다. 아들이 도착하고 24시간 뒤, 메이지는 마침내 눈을 감고 세상을 떠났다.

나는 통제가 불가능해 보이는 그 기다림의 과정에서 메이지가 어떻게 그렇게 시간을 끌 수 있었는지 아주 장황하게 설명할 수도 있다. 그러한 현상은 수면 패턴이나 죽어 가는 과정 등과 관련이 있을 것이다. 죽어 간다는 것은 점진적으로 수면 상태에 빠져드는 것이고, 깊은 잠에 들기 위해서는 긴장을 풀고 모든 것을 내려놓을 수 있어야 한다고 설명할 수도 있다. 뇌 아직 죽지 않았음을 보여 주는 생물학적 과정에 대한 증거를 제시할 수도 있겠지만, 그러한 증거를 제시한다 한들 나와 다른 사람들이 호스피스 버펄로에서 흔히 목격하는 장면을 제대로 설명하지는 못할 것이다. 아니, 설명은커녕 그 근처에도 미치지 못할 것이다. 메이지는 아들 로니가 병원에 도착할 때까지 마음을 놓지 못했다. 죽음 역시 삶과 마찬가지로 무슨 일이 있어도 버티고 견디는, 우리 존재의 한계 내에서 끝까지 포기하지 않는 사랑과 관련이 있다.

아홉 살에 이별한
어머니를 만난 노인

패트리샤는 호스피스 버펄로에 도착하자마자 사람들의 마음을 단번에 사로잡았다. 그녀는 아흔 살이었고, 폐섬유증을 앓고 있었다. 휴대용 산소 탱크의 도움을 늘 받고 있음에도 숨을 제대로 쉬지 못하는 경우가 많았다. 패트리샤의 상태는 심한 호흡 곤란을 겪지 않고서는 병실을 가로질러 걸을 수 없을 정도로 상당히 진행되어 있었지만, 그녀는 몸을 움직여 전할 수 없는 것들을 말로 대신 전달하는 재주가 있었다. 패트리샤는 경매사처럼 쉬지 않고 빠르게 말했다. 그녀와 얼마간 대화를 나누다 보면 그녀가 의지하고 있는 의료 기구는 잊게 될 정도였다. 한번은 어떤 사람이 그녀의 코에 삽입된 튜브가 액세서리처럼 보인다고 말한 적도 있었다. 패트리샤는 지적으로도 활기가 넘쳤고 호기심도 많았다. 그녀를 환자라기보다는 대화 상대로 생각하는 우리 자신을 자주 발견하곤 했다. 패트리샤는 죽음을 갈망할 정도로 병이 진행되어 숨이 멎기 직전까지도 계속해서 사람들과 관계를 맺고 소통하고 싶어 했다.

패트리샤가 아홉 살 때 그녀의 어머니가 폐렴으로 세상을 떠났다. 패트리샤는 열세 살부터 폐섬유증을 앓는 아버지를 돌보기 시작했다. 그녀는 늘 아버지 곁을 지켜야 했다. 패트리샤는 당시 그 시기를 이렇게 설명했다. "난 아주 어릴 때부터 보호자 역할을 해야 했어요. 열세 살에 그 역할을 하기란 특히 더 어렵죠. 그렇지만 한 번도 원망한 적이 없었어요, 이런 말도 안 되는 꿈들을 꾸기 전까지는."

패트리샤가 말하는 그 '말도 안 되는 꿈들'은 그녀의 마음을 사로잡았다. 그녀는 자신이 꾼 꿈 내용을 일기장에 자세히 기록했고, 그에 대한 다양한 해석을 우리와 기꺼이 공유했다. 패트리샤는 자신이 꾼 꿈들을 진지하게 들어 주는 사람들과 어울릴 수 있다는 사실을 고맙게 여겼다.

"그럼 모르핀 때문이 아니라는 거죠?" 우리가 처음 꿈 이야기를 나눴을 때 그녀가 물었다. 패트리샤는 자신의 그 특별한 경험이 약물로 의한 환각 증상이 아니라는 설명을 듣고는 안심했다. 그리고 자기에게 무슨 일이 일어나고 있는지 솔직하게 말해 달라고 내게 간곡히 부탁하며 물었다.

"그럼 이런 일에도 패턴이 있다는 건가요? 정말 궁금해서 그러는데, 이 그래프에서 내가 지금 어디쯤 있는지 알 방법은 없을까요?"

패트리샤는 꿈의 빈도와 죽음이 임박한 상황 사이에 연관이 있다는 사실을 인지하고 있었기 때문에 꿈이 변해 가는 패턴에 담긴 과정이나 원리를 끊임없이 분석하고 파악하려고 애썼다.

패트리샤가 자기 상황을 '마지막 임무'라고 표현했을 때 흠칫 놀랐던 기억이 난다.

"난 준비됐어요. 나도 남미 원주민들처럼 죽음을 받아들이고 싶어요. 그들은 '여기가 끝'이라는 생각이 들면 자연스럽게 떠날 줄 알았죠."

패트리샤가 쓴 시, '레드 존에서의 성찰'에는 그런 그녀의 감정이 그대로 담겨 있다.

어떻게 될지 나는 모른다.
매일매일 궁금하다.
유령들이 와 내 손을 잡을까.
그들이 내가 가는 길을 안내할까.
그들이 보는 그 불빛들은 어떨까.

나를 위해서도 밝게 빛날까.

나는 이미 만반의 준비가 돼 있다.

패트리샤는 신체적으로 계속 쇠약해지고 있었지만, 그녀는 인생의 마지막 해에 시를 쓰고 그림을 그리기 시작했다. 그녀는 체력이 약해질수록 자신을 표현하고 의미를 부여할 방법을 더 열심히 찾았다. 친구들과 가족들에게 줄 풍경화 모음집을 제작 하기도 했다.

패트리샤는 병세가 악화되면서 죽음이 곧 구원이라는 말을 더 자주 하기 시작했고, 그녀가 그런 소리를 너무 자주 하자 자 녀들은 내심 속상해하며 자기들 앞에서 그런 말을 하지 말라고 부탁했다. 나는 그들의 마음을 이해할 수 있었다. 자식들에게 어머니의 죽음은 크나큰 상실인데, 그들이 아끼고 사랑하는 어 머니는 자기 죽음을 별로 대수롭지 않은 일처럼 이야기하고 있 었다. 자식들이 보기에는 어머니가 연구실에서 무슨 실험이라 도 하는 사람처럼 자신의 임종몽을 열심히 분석하고 있었다.

나는 이러한 죽음에 대한 관념을 가벼운 정신병적 증상으로 오인해서는 안 된다는 사실을 알고 있었다. 패트리샤는 다른 사 람들을 돌보는 데 자신의 일생을 바쳐 온 사람이었다. 다른 아 이들이 담배 한 개비 훔치는 상상에 사로잡혀 있을 나이에 그녀 는 죽어 가는 아버지를 보살폈다. 그녀는 전쟁, 배급제, 군 복무

중인 약혼자가 살아 돌아오지 못할 수도 있다는 불안 등을 몸소 체험하며 살았다. 그녀는 '가장 노릇'을 해 가며 아이들을 키워야 했다. 평생 다른 사람들을 돌보며 살아왔던 그녀는 이제 자신의 퇴장을 준비하고 있었다. 패트리샤는 가족들을 걱정하며 평생을 살아왔고, 죽음이 임박했다고 해서 갑자기 바뀔 사람이 아니었다. 언젠가 그녀가 내게 읽어 준 일기장 속의 한 구절은 그녀의 그런 성격적 특징을 아주 잘 보여 준다.

이제 나는 쓸모없는 존재다. 생각만 해도 끔찍하다. 나는 이제 도움을 받아야 하고 상황이 더 나빠질 게 뻔하다. 그래도 한번 잘해 보자고 다짐하고 있다. 여전히 곁에 있는 모두를 진심으로 사랑하지만, 그들을 위해 내가 할 수 있는 것은 아무것도 없고, 그들이 나를 걱정해야 하는 상황이 정말 속상하다. 그래서 오늘 아침 울고 싶었지만 참았다. 괜찮다고 위로해 주는 엄마가 곁에 있었으면 좋겠다. 자리에서 일어나 남편 척에게 다가가 그의 손을 잡고 영원한 석양 속으로 걸어 들어가고 싶지만, 그건 딴 세상의 이야기고, 딴 세상의 숨결이며, 딴 세상의 하루다.

패트리샤는 미지의 세계에 대한 두려움과 패배감을 번갈아 느끼면서도 그러한 감정들을 숨기며 괜찮은 척 했다. 다른 사람들과 자기 자신을 안심시키기 위해서였다. 어쨌든 그녀는 자기

고민을 다른 사람들에게 이야기할 만한 사람이 아니었다. 그녀는 "문제없는 사람이 어디 있겠어요."라고 말하곤 했다. "무슨 일이 있어도 절망하거나 불평하지 않을 거예요. 세상엔 늘 나보다 더 힘든 사람이 있으니까요."

그녀는 눈을 감기 며칠 전 나에게 속마음을 털어놓았다.
"많은 사람이 당신에게 의지하고 있을 테니, 당신은 더 잘하려고 최선을 다하겠죠. 그런데 이제 나는 모든 걸 내려놓을 수 있어 행복해요. 최근 들어서야 그런 마음이 들기 시작했어요."
나는 그녀를 그리워하게 될 것 같았다.

임종 전 경험은 용서, 인도, 안심, 사랑 등과 같은 환자의 욕구와 관련이 있다. 패트리샤에게 평생 가장 큰 영향을 미쳤던 문제 중 하나는 바로 어머니의 너무 이른 죽음이었다.
"우리 엄마는 내가 아홉 살 때 돌아가셨어요. 크리스마스 9일 전이었죠. 엄마는 폐렴을 앓고 있었고, 병원에서는 더 이상 아무것도 해 줄 수 없다고 했죠." 패트리샤가 엄마의 비극적인 죽음을 이야기하는 모습에서 그 일로 인한 그녀의 정신적 상처가 얼마나 깊은지 느껴졌다.
그녀는 죽음을 앞둔 엄마에게 자신이 마지막으로 한 말을 생생하게 기억하고 있었다.
"나 오늘 산수 100점 받았어."

그 말은 죽음을 마주한 그녀가 할 수 있었던 가장 전진난만
하고도 엉뚱한 말이었을 것이다. 패트리샤는 말했다.

"어쨌든, 몇 년이 지난 후에도 그 말은 내 안을 계속 맴돌았
죠. 한 번도 잊은 적이 없어요. 그때 그 마지막 말은 내가 엄마
에게 줄 수 있는 유일한 선물이었고, 나는 엄마에게 선물을 준
것만 같았죠. 엄마는 그날 밤 돌아가셨어요."

패트리샤는 꿈 이야기를 계속 들려주면서 이렇게 말했다.

"가끔 자식들이 나에 대해 전혀 모른다는 생각이 들기도 해
요." 나는 그녀가 한 말이 어떤 의미인지 알고 있었다. 부모들은
그들을 어린 시절로 데려가는 꿈에 대한 이야기를 자식들에게
는 하지 않을 가능성이 크다. 말기 환자들의 자녀들은 사랑하는
부모의 죽음을 받아들여야 하는 것만으로도 버거워한다. 그러
나 이게 바로 죽음을 앞둔 사람들의 현실이다. 패트리샤는 꿈속
에서 엄마에게 마지막 말을 건네는 어린 소녀로 다시 돌아가 있
었다. 그녀는 다시 소녀가 돼 있었다.

"엄마는 침대에 누운 상태에서 고개를 돌렸어요. 엄마는 구
식 산소 텐트 안에 있었죠. 엄마가 저를 바라보며 손을 흔들었
고, 난 본능적으로 내가 어떻게 할 수 있는 상황이 아니라는 걸
알았죠. 사람들이 웃으면서 내게 말했어요. '엄마한테 인사하
렴', 엄마가 '안녕' 하면, 나도 '안녕' 하며 인사를 나눴던 게 기
억나요."

죽음이 임박한 패트리샤의 병실을 찾았을 때, 나는 이미 답을 알고 있는 질문을 그녀에게 던졌다.

"이제 꿈속에서 누구를 보고 싶나요?"

그녀가 답했다.

"엄마가 보고 싶어요. 엄마에 대해 아는 게 거의 없으니까."

예상했던 답이었다.

패트리샤가 숨지기 직전, 나는 마지막으로 그녀를 보러 갔다. 그녀는 더 이상 말을 할 수 없었고, 아무런 반응도 보이지 않는 것 같았다. 나는 그녀에게 몸을 숙여 어머니를 봤냐고 속삭이듯 물었다. 물론, 답은 기대하지 않고 했던 질문이었다. 그런데 그녀가 웃음을 지으며 고개를 끄덕이더니 위쪽을 가리켰다.

아무 말도 없었지만, 모든 것을 알아들을 수 있었다.

4장

마지막 유예

악몽을 꾸는 사람들

백 마일이나 되는 사막의 길을
무릎으로 기어가면서까지 참회하지 않아도 돼.

— 메리 올리버MARY OLIVER

18%의 꿈은
고통을 안긴다

죽음이 반드시 따뜻한 포옹처럼 다가온다거나, 꿈이 반드시 우리에게 위안이 되는 것은 아니다. 실제로 우리 연구에 참여한 환자들이 꾼 임종몽 중 18%는 사실상 괴로움을 주는 꿈이었다. 예컨대, 살면서 트라우마에 시달려 온 사람들이 임종몽을 통해 그 트라우마를 다시 겪게 될 수도 있고, 또 어떤 사람들은 심한 죄책감에 빠질 수도 있다.

호스피스 버펄로에서 임종몽이 평화의 전조라는 견해의 타당성을 가장 극적으로 위협한 주인공은 바로 에디라는 환자였다. 에디는 예순아홉 살의 전직 경찰관으로, 폐암 말기 진단을 받은 상태였다. 그는 우리 시설과 자신의 집을 오가며 지냈고, 시설에 있을 때는 반복적인 임종몽을 경험했다. 안타깝게도, 에디는 호흡이 약하고 숨이 차는 증상 때문에 하루 대부분을 안락의자에 앉아 보내야 했다. 그는 재혼을 통해 얻은 딸 킴과 함께 살았다. 킴은 에디를 돌보는 일에 최선을 다했지만 도움을 필요로 했다. 4년 전에 에디는 자신의 '미의 여왕'이자 아내인 셀린을 유방암으로 잃었다.

재미있게도, 우리와 함께한 그의 이야기는 〈뉴욕타임스〉에서 처음 시작됐다. 〈뉴욕타임스〉 과학 섹션 기자인 얀 호프만Jan Hoffman은 변화의 힘을 가진 임종 전 경험을 주제로 기사를 쓰기 위해 우리에게 연락해 왔다. 호프만이 취재차 호스피스 버펄로에 도착했을 때, 그녀가 인터뷰하기로 예정돼 있던 환자 두 명이 갑자기 자리에 함께할 수 없는 상황이었다. 나는 직원에게 연락을 취해 꿈에 대해 이야기하고 싶은 환자들이 있는지 확인해 달라고 부탁했다. 도나라는 베테랑 간호사가 임종몽으로 밤잠을 설치는 에디를 내게 알려 줬다. 그가 인터뷰에 참여할 의사가 있음을 확인한 후, 도나는 호프만이 그를 인터뷰할 수 있도록 자리를 마련했다. 자연히 호프만은 우리가 나눴던 대화를 바탕으로 임종몽과 임종시의 긍정적 효과를 보여 줄 인터뷰를 기대하고 있었다. 그런데 그런 그녀가 인터뷰할 상대는 다름 아닌 에디였다.

호프만은 임종 전 경험을 통해 문제를 해결하는 게 아니라 점점 더 큰 죄책감을 느끼며 후회하는 남자와 인터뷰하게 됐다. 사는 대로 죽는다는 격언에 꼭 들어맞는 에디의 임종 경험은 그의 삶이 그랬던 것만큼이나 문제투성이였다.

에디는 자신이 '비열한 경찰'이었다고 고백했다. 그는 꿈속에서 과거에 자신이 저지른 악행이 담긴 추악한 장면들을 재생하고 있었다. 예컨대 형사로 일하면서 증거를 조작하고, 용의자를 폭행하고, 무방비 상태에 있는 사람들을 보호하지 않고, 폭행 사건을 제대로 중재하지 않던 때로 다시 돌아가곤 했다. 또 어떤 꿈에서는 칼에 찔리거나, 총에 맞거나, 숨을 쉴 수가 없었다. 꿈속에서 본 장면들이 너무 끔찍하고 괴로워서 안정을 취하려면 약이 필요할 정도였다.

에디의 고통은 그가 경찰로 활동하던 장면에만 국한된 게 아니었다. 그는 알코올 중독에 시달렸고, 그의 직업, 아내, 온전한 정신을 포함한 모든 것을 잃기 직전에서야 잘못된 술버릇을 고칠 수 있었다. 그는 또 자신이 결혼생활에 충실하지 못했다는 데 엄청난 죄책감을 느꼈다. 그는 아내 셀린에게 사과하는 꿈을 반복해 꿨지만, 셀린은 아무런 반응을 보이지 않거나 그가 그녀에게 얼마나 큰 상처를 줬는지 다시 일깨워 줄 뿐이었다. 에디는 자신의 '미의 여왕'이 저세상에서 자기를 기다리지 않을까 봐 두려워했다. 셀린은 에디를 용서할 수 있을까? 그녀는 여전히 남편을 사랑할까? 죽음의 문턱에서, 고인이 된 아내는 여전히 에디의 가장 깊은 후회와 가장 큰 행복의 원천이었다.

에디는 자살 충동에 시달려 왔다고 고백했다. 특히 연휴 때가 되면, 아내를 비롯한 가족들과 함께했던 단란한 기억이 몰려와 심각한 우울증을 겪었다. 숨지기 2년 전 그는 눈앞에 놓인 엽총과 탄약통을 가리키면서 경찰에 연락해 자신의 무기를 압수해 달라고 부탁하기도 했다. 또 그의 딸이 집에 찾아가 입에 총을 물고 방아쇠를 당기기 직전의 에디를 발견하기도 했다. 그녀는 도움을 요청했고, 에디는 경찰에게 총을 내려놓으라는 소리를 들어야 했다. 당시 그는 자살 시도 조짐을 보인다는 이유로 병원에 입원하게 됐다. 에디는 죽고 싶었다. 병에 걸려 생을 포기하고 싶은 게 아니었다. 그가 어떻게 살아왔는지를 보여 주는 '불편한 기억들'이 그에게 자살 충동을 일으켰다.

사실 나는 아무것도 모르는 상태에서 호프만을 인터뷰 자리에 보냈다. 그리고 별안간 에디는 우리 주장의 신빙성을 떨어뜨리는 예외적인 인물이 돼 있었다. 임종 과정의 치유 효과를 다른 사람들에게 알리기 위해 정말 열심히 노력해 온 우리가 마침내 한 유력 일간지의 주목을 받게 된 바로 그 시점에 모든 것이 무너지고 있었다. 나는 그 즉시 에디를 추천한 간호사 도나에게 전화를 걸어 대체 무슨 생각으로 그를 인터뷰 상대로 추천했느냐고 물었다. 그녀가 대뜸 내 물음에 응수했다

"선생님은 무지개나 강아지가 나오는 꿈을 꾸는 환자가 아니라 그냥 꿈을 꾸고 있는 환자를 찾으셨잖아요. 다음부터는 그냥 메리 포핀스 같은 환자를 찾는다고 말씀하세요."

나는 고맙다고 받아치며 전화를 끊었다.

결국 위안을 주는 꿈과 마음을 상하게 하는 꿈에 대한 내용을 모두 담은 '죽어 가는 사람들의 꿈에 대한 새로운 시각'이라는 기사가 나오게 됐다. 호프만은 그 둘 사이에 존재할 수 있는 잠재적인 모순에 대해서는 논하지 않기로 했다. 그녀는 에디에 대한 이야기를 간략하게 다뤘고, 그를 '극심한 고통에 시달리는 영혼'이라고 표현했다. 호프만은 임종몽의 긍정적 효과를 보여주는 환자들의 사례를 중점적으로 다뤘다.

에디에 대한 기억은 생각보다 더 오랫동안 내 머릿속에 남아 있었다. 나는 그의 경험과 일반적인 환자들의 경험 사이의 간극을 어떻게 이해하고 받아들이면 좋을지 깊이 고민하고 있었다. 결국 우리가 하는 일의 진정성은 환자의 사례가 우리의 연구 결과를 뒷받침하는 것이든 아니든 그 환자의 마지막 여정을 전적으로 존중하는 데 있었다. 나는 에디가 세상을 떠나고 3년 만에 위안 효과와는 거리가 먼 임종 전 경험을 겪은 것으로 보이는 그의 의료 기록을 다시 살펴봤다. 형사였던 에디가 사후에 우리를 동원해 제대로 된 탐정 활동을 하게 만든 것 같은 아이러니한 상황이었다.

나는 에디의 진료 기록에서 전에 우리가 봤던 모습과는 사뭇 다른 새로운 점들을 발견할 수 있었다. 한때 자백을 받아 내는 일을 하던 형사였던 그가 죽음을 앞두고는 습관적으로 자기의 과거를 고백하는 사람이 됐다는 사실을 알게 됐다. 호스피스 팀

과 에디가 건강 상태를 이야기하며 나누던 평범한 대화가 섬섬
그의 과거를 폭로하는 진지한 고백으로 발전해 나갔던 것이다.
에디는 자신이 형사로 근무하면서 저질렀던 부도덕한 행위, 심
지어 범죄에 대해서도 누구에게나 거리낌 없이 말하곤 했다. 그
를 돌보는 사람이 그의 의사든, 간호사든, 채플린chaplain(호스피스
나 병원에서 죽음을 앞둔 환자가 평안한 임종을 맞도록 정서적 위안을
주는 성직자를 말한다 - 옮긴이)이든, 경비원이든, 방문객이든 그
게 누구든 상관없었다. 그는 자신의 삶을 속속들이 들춰내 숨김
없이 보여 줬다. 에디는 심판을 마냥 기다리고 있지 않았다. 그
는 아주 적극적으로 그리고 집요하게 심판을 받기 위해 발버둥
쳤다.

그의 때늦은 자책은 일종의 참회 의식이었는지도 모른다. 그
는 사후 세계에 자신이 받게 될 형벌의 종류를 예측하곤 했다.

"내가 주색에 빠져 살았다고 해서 신이 나를 영원히 지옥에
가두지는 않겠지. 내 말은, 내가 누굴 죽였다거나 뭐 그런 건 아
니잖아. 젠장, 나는 주먹싸움조차 해 본 적이 없는 놈이라고. 그
렇다고 해도 일단 나를 연옥으로 보내 한동안 그곳에 머물게 하
겠지."

그는 병세가 악화될수록 더더욱 자신의 영혼을 회복하고 싶
어 했다.

에디의 자기폭로에 비춰 보면, 그의 임종 전 경험은 그가 주

고받았던 학대의 장황한 역사와 관련이 있었다. 임종 전 경험을 통해 에디는 삼촌이 십 대인 자신을 성추행하던 때로 다시 돌아갔다. 에디는 그 트라우마가 자신에게 미친 영향에 대해 결코 인정하지 못했다. 그는 계속해서 자신이 학대를 통해 얻어 낸 '혜택'을 누렸기 때문에 그런 일이 발생했다며 자책했다.

"삼촌은 내게 자기 차를 빌려주고, 옷을 사 주고, 용돈을 주곤 했어요."

십 대 시절 자기 결정권을 빼앗겼던 그는 많은 희생자가 보이는 패턴대로 행동하고 있었다. 즉 자신의 힘을 회복하기 위해 과거에 희생당했던 어린 자기 자신에게 책임을 떠넘기고 있었다. 결국 자기비난은 비난받아야 할 자아가 존재한다고 상정하기 때문에 학대로 망가지거나 훼손된 인격을 은연중에 회복시키는 효과를 내기도 한다. 젊은 에디의 경우, 학대 사실을 폭로하는 게 불가능했기 때문에 자기비난만이 그가 택할 수 있는 유일한 방법이었다.

"아버지에겐 말하고 싶어도 못했을 거예요. 내 말을 믿지 않았을 테니까요."

부도덕한 경찰이자 극심한 고통에 시달렸던 에디는 학대를 당한 어린 소년이기도 했다. 우리는 에디라는 사람에 대한 새로운 사실들을 알게 됐지만 그게 다가 아니었다. 그에 대해 알아내야 할 것들이 아직 남아 있었다.

딸이 들려준
이야기

　에디의 임종 전 경험과 관련해 더 많은 정보를 수집할 수 있겠다는 희망을 품고 그의 가족들을 만나기까지 수년이 걸렸다. 가족들의 관점에서 그의 이야기를 들어 볼 수 있는 기회였다. 에디의 네 자녀 중 킴과 라이언이 흔쾌히 고인이 된 아버지에 대한 이야기를 들려주겠다고 했다. 사십 대의 라이언은 두 자녀를 둔 남자였고, 서른 살의 킴은 음악계에서 열심히 커리어를 쌓으며 자기 일에 몰두하고 있는 여성이었다. 킴은 에디가 임종을 맞이할 당시 함께 살고 있었다.

　나는 킴과 라이언을 만나면서 내가 에디의 임종 전 경험 이면에 숨겨진 전모를 아직 다 파악하지 못했거나, 그가 겪은 임종 전 경험을 제대로 이해하지 못했다는 것을 깨달았다. 한때 고통스러운 임종몽에 대한 진술로 우리를 혼란스럽게 했던 그가 세상을 떠난 지 벌써 몇 해가 흘렀지만, 그는 여전히 우리를 혼란스럽게 하고 있었다.

　라이언과 킴은 둘 다 〈뉴욕타임스〉에 실린 기사를 읽었고, 그 기사의 내용을 바로잡기 위해 나와 만난 것이기도 했다. 특히 킴은 자신의 아버지를 '극심한 고통에 시달리는 영혼'이라고 표현한 것이 마음에 걸렸다고 했다. 그녀는 아버지가 후회한 것은 맞지만, 그건 그가 양심 있는 사람이었고, 과거의 충격적인 경험과 심신을 쇠약하게 만드는 병 때문이라고 감정에 북받쳐 말했다. 킴은 눈물을 글썽이며 아버지를 옹호하는 이야기를 이어나갔다. 그녀는 아버지라는 한 인격체, 죄를 저지른 사람으로서의 에디와 그의 잘못들, 매력이 넘치는 달변가이자 우울한 환자였던 그, 그리고 무엇보다 그 모든 것을 이겨낸 에디의 사랑을 조리 있는 말솜씨로 감동적으로 들려줬다.

킴의 말에 따르면, 에디는 자신이 앓고 있던 폐 질환으로 임무를 제대로 수행하기 어렵다고 판단해 쉰한 살의 나이로 은퇴하는 것마저 명예롭게 생각하는 사람이었다. 에디는 출동을 나가 계단을 오르다가 호흡 곤란이 오거나, 자신의 병을 인정하지 않고 계속 일을 하다가 동료 형사에게 나쁜 일이라도 생긴다면 자신을 용서하지 못할 것 같았다. 그래서 결국 퇴직을 결심했다. 그러나 그는 자신이 몸담았던 팀을 한시도 떠난 적이 없었다. 에디의 마음은 늘 그곳에 있었다. 킴은 퇴직 후에도 15년 동안 팀원들과 계속 연락하며 은퇴식에 참석했던 아버지의 모습을 회상했다.

마침내 나는 다정한 에디를 만날 수 있었다. 그의 가족들에 따르면, 그는 남에게 무엇이든 줄 수 있는 사람이었다. 그는 딸이 행복한 어린 시절을 보낼 수 있도록 사랑과 지원을 아끼지 않았던 최고의 아빠였다. 또 에디는 그의 누나 매기가 사랑으로 돌보며 키운 소중한 남동생이었다. 매기는 남동생 에디가 세상을 떠나기 전까지 그를 따뜻한 손길로 보살폈다. 타고난 매력 때문이었는지, 아니면 자신의 죄책감마저 거리낌 없이 이야기하고 다니는 그의 개방성 때문이었는지 모르지만, 에디는 호스피스 직원들에게도 큰 사랑을 받았다. 간호사 도나는 여전히 그를 유머 넘치고 지칠 줄 모르는 이야기꾼으로 애틋하게 기억하고 있다. 에디는 퇴원하면서도 호스피스 버펄로를 '졸업했다'며 자랑하고 다녔던 유쾌한 이야기꾼이었다.

에디는 여러 결점과 얼룩진 과거를 가진 사람이었다. 그렇지만 그는 또 훌륭한 아버지였고, 큰 사랑을 받는 형사였으며, 실수하고, 상처받고, 사랑하고, 회개하며, 자신의 잘못을 속죄했던 한 인간이었다. 흥미롭게도, 그를 규정하는 부조화와 모순 역시 모두 그의 임종 전 경험에 반영됐다고 볼 수 있었다.

에디는 임종 직전 36시간 내내 깊은 잠을 잤고, 말할 수 없이 행복하고 상쾌한 기분으로 잠에서 깨어났다. 에디는 가까운 친지들에게 잇따라 전화를 걸었다. 그는 두 아들에게 전화를 걸어 사랑한다는 말과 그들이 이룬 모든 것을 자랑스럽게 여긴다는 말을 전했다. 에디는 자신의 임종을 지켜보기 위해 오고 있는 누나 매기에게 전화를 걸어 그녀도 곧 주님 곁으로 가게 될 것이라는 말을 계속 했다. 그러고는 "주님과 함께 모든 걸 다 잘 해결했어."라는 말을 덧붙였다. 에디는 전에 인연을 맺었던 갤러거 신부와 고해 성사를 하기로 했고, 매기에게 "누나에게 그

것이 얼마나 중요한지 알기에, 꼭 알려 주고 싶었어."라고 고백
했다. 나는 그 고백이 회복된 신앙심을 나타내는 것인지, 아니
면 에디가 그저 누나를 기쁘게 해 주고 싶어 그런 말을 한 것인
지 알 수 없었다. 누나를 기쁘게 할 수만 있다면, 에디는 충분히
그런 말을 하고도 남을 사람이었기 때문이다.

킴은 에디가 아주 명쾌하고 확고한 태도로 종교에 대한 이야
기를 하는 것을 보고 어안이 벙벙했던 순간을 기억하고 있었다.
그는 잠들기 전만 해도 제대로 말도 못하며 횡설수설했다. 그의
인지 능력과 호흡 능력이 급격하게 떨어진 직후에 일어난 일이
었다. 사실 킴은 어떻게 에디가 전화기를 찾아내고 혼자서 가족
들에게 전화를 걸었는지조차 알 수 없었다. 그녀는 임종과 관련
해 지금 알고 있는 걸 그때도 알았더라면 좋았을 것이라고 말했
다. 에디가 일시적으로 의식이 또렷했던 것은 그가 임상적으로
호전됐다거나 죽음이 미뤄졌다는 의미가 아닌 일종의 마지막
유예였다는 사실을 당시에는 알지 못했기 때문이다.

몇 시간 후 에디는 킴을 바라보며 웃음을 짓더니, 아무렇지
않게 "네 엄마를 만나러 갈 거야."라고 말했다. 그러고 나서 그
는 서서히 그리고 조용히 죽음을 맞이했다. 그 순간 킴은 에디
가 꼭 들어야 할 말을 건넸다.

"엄마가 아빠를 기다리고 있대요."

우리가 고통스러운 임종 전 경험을 겪은 대표적인 인물이라고 여겼던 환자도 결국에는 평온한 내적 변화를 경험했다. 자신이 저지른 죄가 사후 세계에서 자기 안위에 어떤 영향을 미칠지 그토록 불안해하던 에디는 죽음이 임박하자 자기보다 다른 사람들이 원하는 것을 더 우선시했다. 죽음 앞에서 에디는 전에 없이 솔직하고 사려 깊은 사람이 됐다.

의학의 힘으로는 에디 같은 환자를 악의에 찬 절망적인 상태에서 내적으로 행복하고 평온한 상태로 변화시키지 못했을 것이다. 삶의 끝에서 스스로를 치유하고, 의미를 찾고, 용서하고, 평화를 되찾는 인간의 놀라운 정신력에 필적할 만한 효과를 지닌 항우울제나 대화 치료 같은 것은 존재하지 않는다. 죽어 가는 환자들을 보다 높은 수준의 의식 상태로 이끄는 것이 기도인지, 명상인지, 꿈인지, 아니면 악몽인지 알고 싶을 수도 있다. 그러나 그러한 변화를 이끌어 내는 원천보다 더 중요한 것은 바로 그 변화가 주는 마법 같은 효과라 할 수 있다.

중요한 것은 어떤 일이 어떻게 일어나느냐가 아니라, 놀랄 만한 일이 있어났다는 그 사실에 있다. 죽음으로 가는 여정에서는 굳이 의미를 따로 찾을 필요가 없다. 삶의 끝에서 일어나는 일들은 의문보다는 주로 깨달음과 관련이 있기 때문에 답을 따로 찾을 필요도 없다. 죽음은 그 자체로 답이 된다. 즉 그 어떤 중재나 추측도 필요 없이 그 존재만으로 우리 삶에 영감을 주고 의미를 부여한다. 삶의 끝에서 죽어 가는 사람들이 스스로 문제를 해결하며 얻는 깨달음은 문화, 인종, 성, 학력, 국가, 경제력, 종교와 관계없이 반복적으로 일어나는 하나의 과정이자 보편적인 현상이다. 그리고 그 깨달음은 항상 사랑과 연결되어 있다.

에디의 이야기로 분명히 알게 된 사실은 임종 전 경험은 단일한 사건이 결코 아니라는 점이다. 임종 전 경험은 타인의 관점에서 단편적으로 바라봐서는 제대로 이해하기가 어렵다. 다양한 관점에서 바라보고 이해해야 한다. 임종 전 경험은 평화에 다다르게 되는 그 알 수 없는 과정에서 긍정적으로나 부정적으로 굴절된 꿈을 통해 서로 회로처럼 연결돼 있거나 얽혀 있고, 상관관계에 있거나, 오랫동안 지속되기도 한다. 임종 전 경험이라는 여정에서 에디는 괴로움을 통한 변화를 겪었고 또 어떤 사람들은 편안함을 통해 변화를 겪었지만, 그 여정을 통해 나아가는 방향이나 목적지는 결국 하나였다. 선악에 대한 우리의 이해와 정면으로 대립하는 삶을 살았던 에디 같은 경우 단순한 답을 내놓기가 어렵지만, 그의 마지막 여정에도 의미 있는 길이 나 있었다.

순진하게도, 본래 우리의 연구는 불안과 위안을 주는 꿈을 명확히 구분하는 이원 모델을 가지고 있었다. 그렇지만 사실 임종 전 경험은 현실 세계에는 어울리지 않는 요소들로 가득 차 있다. 에디 같은 환자들 덕분에 우리는 고통스러운 임종몽을 꾼다고 해서 꼭 불안하고 걱정스러운 임종 과정을 맞게 되는 것은 아니라는 사실을 알게 됐다. 그 내막을 들여다보면, 그러한 임종 전 경험에도 의미, 용서, 평화를 발견할 수 있는 엄청난 기회가 담긴 경우가 많다. 그 내용만 보면 아닌 것처럼 보이지만, 그 결과를 놓고 보면 그렇다는 사실을 확인할 수 있다.

마약 중독자의
악몽

평탄하지는 않았지만 에디를 구원해 준 마지막 여정과 흡사한 다른 환자의 사례를 발견하는 것은 그리 오래 걸리지 않았다. 아이러니하게도, 죄책감에서 벗어나 안정을 찾은 형사 에디의 그 고통스러운 여정과 가장 흡사한 사례는 바로 평생 범죄를 저지르며 살아온 마약 중독자였다.

여러 면에서 드웨인은 꼭 에디의 분신 같았다. 드웨인은 평생 약물 남용을 하며 살다가 인후암 말기 판정을 받은 마흔여덟 살의 환자였다. 그는 절도, 범죄, 투옥으로 얼룩진 삶을 살았다. 범법자 드웨인과 형사 에디가 각자 삶의 끝에서 서로 유사한 경험을 했다는 사실은 매우 인상적이었다. 에디가 경찰과 범죄자를 하나로 연결하는 이 이야기를 들었다면 아주 장난스러운 반응을 보였을 것이다.

에디와 마찬가지로, 우리 호스피스 병동에 입원한 드웨인 역시 수수께끼 같은 사람이었다. 드웨인은 매력적이고, 재미있고, 사교적이며, 따뜻했고, 질병으로 형 집행 정지를 받은 상황에서도 지극히 담담했다. 그의 표현대로 그는 '훔치고 도망치며' 살았지만, 그럼에도 떳떳한 태도를 보였다. 그는 정당방위로 두 건의 살인을 저질렀다. 법원에서 두 살인 사건 모두 무죄 판결을 내렸지만, 사실 그의 과거 행적과 그의 트레이드마크나 다름없는 담담하고 태연한 태도는 영 매치가 되지 않았다. 드웨인은 과거에 자신이 어떤 사람이었는지 전혀 상관하지 않는 것처럼 행동했다.

몸이 쇠약해졌음에도 불구하고 드웨인은 우리가 병실에 들어갈 때마다 일어나서 악수를 청하곤 했다. 그는 의료용 보행기에 의지해야 하는 상황에서도 복도를 열심히 가로지르며 다녔다. 그러면서 "다 잘될 거요. 하나님은 당신을 사랑하시니까." 혹은 "우리 모두 승승장구하고 있어. 산에도 갈 수 있다고." 같은 말을 주절댔다. 그러고는 그만의 유쾌하고 환한 웃음을 활짝 지어 보이며, "그러려면 시원한 맥주 한 잔을 더 마셔야 할지도 모르지."라는 말을 덧붙이곤 했다.

드웨인의 무덤덤한 태도가 사실은 그의 생존 메커니즘이었다는 사실을 알아내기까지는 그리 오래 걸리지 않았다. 그는 아

무 근심 걱정 없이 그저 농담이나 우스갯소리를 하며 유유자적
하는 것처럼 보였지만, 그건 그의 마음이 그저 태평해서 그런
게 아니었다. 사실 그에게는 그럴 만한 심적 여유가 없었다. 드
웨인은 평생 길거리를 전전하며 살았고, 그런 불안정한 삶으로
인한 스트레스, 공포, 고통에 맞서기 위해 중독성 강한 약물에
의존했다. 그의 약물 중독은 열여섯 살 때부터 시작됐다. 그의
유일한 관심사는 약효가 떨어지면 또다시 마약을 구해 구토나
불안을 피하는 것뿐이었다.

드웨인에게 '거리'는 여전히 편안한 마음으로 이야기할 수
없는 불길한 대상이었다. 그가 거리생활에 대해 이야기하는 것
을 들으면서 나는 그와 내가 살아온 삶이 얼마나 다른지 생각하
지 않을 수 없었다. 나에게 거리란 단지 이곳에서 저곳으로 옮
겨 가는 공간이자 수단일 뿐이었다. 그러나 드웨인에게는 거리
가 곧 집이었다. 그가 사는 곳이었지만, 어떤 것도 평범하지 않
고 안심할 수 없는 곳이었다. 그가 그 거리의 주인이 아니라, 그
거리에 얹혀사는 셈이었다. 언제나 그곳은 그에게 '나의 거리'
가 아닌 악의적이고 폭력적인 사람들, 끊이지 않는 위험, 불의,
범죄, 공포, 두려움으로 가득한 '그 거리'였다. 드웨인에게 그 거
리는 크랙(가장 강력한 코카인의 한 종류다 - 옮긴이)과 헤로인에
중독돼 도둑질을 했던 곳이고, 생명의 위협을 느꼈던 곳이며,
살아남기 위해 두 번이나 살인을 저질렀던 곳이다.

호스피스 버펄로에 도착한 드웨인은 과거를 돌아볼 수 없었다. 과거의 기억을 되살린다는 것은 이제야 비로소 안전하고 안락한 공간에 머물게 된 사람에게는 너무나 버거운 일이었다.

드웨인은 에디와 마찬가지로 자신의 과거에 무감각해지고 싶었다. 과거에 자신이 저지른 잘못이나 범행을 힐끗 돌아볼 때 자신을 짓누르는 수치심과 죄책감을 피하는 게 무엇보다 가장 중요했다. 그러나 에디가 그랬던 것처럼, 드웨인도 결국 고통스러운 임종 전 경험을 통해 자신에게 필요한 깨달음을 세상을 떠나기 직전에 얻을 수 있었다.

드웨인은 괴로운 꿈을 반복해서 꿨고, 꿈속에서 누군가가 드웨인을 붙잡아 그의 암이 발병한 부위를 칼로 찔렀다고 했다.

"아주 끔찍했어요. 제가 누구랑 싸우고 있는 것 같았어요. 전에 길거리 생활을 할 때 제가 괴롭힌 사람들이 이제 저를 잡으러 다니는 것 같았고, 그들은 제가 어디가 아픈지 다 알고 있었어요. 암이 발병한 제 목을 잘라 내기라도 할 것처럼 칼을 마구 휘젓고 있는 것 같았죠. 그냥 느낌이 딱 그랬어요. 그 순간 잠에서 깼지만 잔뜩 긴장한 어깨를 펼 수 없었어요. 정말로 아팠거든요."

드웨인은 이런 끔찍한 꿈이 자신의 목숨을 노리는 복수극이라고 생각했다.

드웨인이 담당 간호사에게 자신이 칼에 찔린 악몽에 대해 설명하자, 그녀는 "많이들 잠꼬대를 해요."라고 말하며 별일 아닐 거라며 그를 안심시켰다. 그러자 드웨인이 발끈하며 말했다.

"아니요. 이건 실제 상황이라고요."

간호사가 드웨인에게 약이 필요하냐고 묻자 그는 고개를 끄덕이며 답했다.

"어찌 됐든 간에 방금 꾼 악몽 때문에 목이 아프니까요."

그의 이야기는 가슴 아프게도 호스피스 선구자인 시슬리 손더스 박사가 말한 '통합 통증total pain'이라는 개념을 떠올리게 했다. 손더스 박사는 심리적 혼란뿐 아니라 정서적 혼란이나 신체적 고통도 환자의 통증에 관여한다고 설명했다. 임종 전 경험은 죽음을 코앞에 둔 말기 환자들의 마음에 공명을 일으키기 때문에 임종을 맞이하는 과정에서 현실과 꿈 사이의 경계가 모호해지기도 한다.

에디와 마찬가지로 드웨인은 죽음을 앞두고 임종몽과 임종시를 반복적으로 겪으면서 행동과 태도가 급격히 달라졌다. 그러한 변화는 임종 전 경험에 관한 다큐멘터리 제작을 위해 그를 촬영할 당시 더 분명하게 드러났다. 드웨인은 카메라 앞에서 자신이 반복해 꿨던 꿈에 관한 이야기를 막 하려던 참이었다. 그런데 바로 그 순간, 호스피스 버펄로에서 멋진 걸음걸이와 재담꾼으로 유명한 그가 주체할 수 없이 흐느끼기 시작했다. 유쾌한 모습만 보이던 드웨인이 왜 갑자기 울음을 터트리는지 알 수 없었다. 그 자리에는 낯설 정도로 연약해진 드웨인이 있었다. 그는 가슴이 미어질 듯이 울며 몸을 떨고 있었다. 그가 연신 눈물을 쏟아내며 쉬지 않고 이야기하는 바람에 우리는 그의 말을 중간에 끊을 수가 없었고, 무슨 말인지 제대로 알아들을 수도 없었다.

드웨인은 더 이상 불편한 과거의 기억에서 도망치지 않고 그 기억에 정면으로 맞서기 위해 노력하고 있었다. 그는 이제 자신의 암을 업보라 말하고 '훔치고 도망치며' 살아온 지난날을 반성하며 구원받기를 바라는 영혼이었다.

"제가 많은 사람을 아프게 했다는 걸 알아요. 많이 후회하고 있어요. 정말 괴로워요. 그 사람들이 저를 용서해 주기를 바라고 기도할 뿐이에요. 그들은 제가 속임수로 사기를 치고 그 업보로 병을 얻게 됐다는 걸 알 테니까요. 그들이 무덤까지 그 나쁜 기억을 가지고 가서 이렇게 말하는 '멍청한 놈'은 되지 않길 바랄 뿐이에요. '이제 그 자식은 엉망이 됐고, 우리가 용서했다고 생각하겠지. 천만에, 어떤 일이 벌어질 수 있는지 보여 주자고' 그런 삶으로 다시는 돌아가고 싶지 않아요. 저는 신께 기도합니다. 동료들과 호스피스의 도움을 받아 제가 계속 마약을 멀리할 수 있게 해 달라고. 거리에 있는 친구들 얘기는 꺼내고 싶지 않아요. 전 제대로 된 친구가 없어요. 그 친구들 중 95~98%가 저와 똑같은 짓을 했거든요."

드웨인은 자신이 심판받게 될 날이 다가오고 있다고 확신했다. 그는 반복적으로 꾸는 꿈 내용이 계속 변한다며 밀했다. "그 남자가 제 목에 LSD(엘에스디, 환각 작용을 일으키는 마약이다 - 옮긴이)를 퍼붓는 바람에 목구멍이 화끈거리고 따가웠어요. LSD가 제 몸을 타고 흘러내리는 것 같았죠. 그가 저를 해치지 못하도록 싸우고 있고, 더 큰 고통을 느끼고 있어요. 과거에 지은 죄가 벌이 되어 제게 돌아오는 거죠."

드웨인은 자신이 임종 전 경험을 통해 과거에 저지른 잘못과 악행에 대한 벌을 받고 있다고 믿었고, 자신이 가장 아끼는 딸 브리타니에게 속죄할 수만 있다면 그러한 벌도 기꺼이 감수할 수 있었다.

드웨인에게 이제 남은 시간은 2주 정도였고, 그의 마지막 소원은 딸과 재회하는 것이었다. 그는 계속해서 딸 브리타니를 찾았다. 그는 딸에게 용서를 받고 싶어 했고, 딸 브리타니가 감옥에 있다는 사실을 알고 나서는 더 초조해하는 모습을 보였다. 마약 중독자의 자녀가 약물 남용을 할 확률은 상당히 높으며, 드웨인의 딸도 예외가 아니었다. 드웨인은 딸을 볼 수 없다는 생각에 심한 우울증에 빠지고 말았다.

드웨인의 의사였던 메건 파렐은 아버지와 딸이 얼마 남지 않은 시간을 함께 보낼 수 있도록 브리타니를 감옥에서 내보내 달라는 탄원서를 냈고, 고맙게도 그 요청이 받아들여졌다. 우리는 일이 잘못될 경우에 대비해 딸과의 예정된 만남을 드웨인에게는 비밀로 하기로 했다. 브리타니는 발목에 전자 발찌를 차고 예고도 없이 호스피스 버펄로에 찾아왔다. 드웨인은 매일 산책하는 시설 주변을 천천히 걷고 있었다. 그는 간호사의 도움을 받아 살짝 굽은 자세로 보행기를 끌며 느릿느릿 걷고 있었고 기운이 없어 보였다. 그 모습을 보고 브리타니가 그에게 건넨 첫 말은 "이봐요, 아저씨."였다.

드웨인은 순간 몸이 얼어붙어 고개를 들더니 어깨를 바로 폈다. 그는 딸의 목소리라는 것을 알아채고는 함박웃음을 지었다. 그는 뒤돌아서서 보행기를 옆으로 치우며 간호사가 붙들고 있는 자기 팔을 잡아 뺏다. 그러고는 두 팔을 벌린 채 행복한 모습으로 딸을 향해 걸어왔다. 순간 그의 몸이 특별한 에너지로 채워진 것 같았다. 아버지와 딸은 그 어느 때보다 오랫동안 서로를 부둥켜안은 채 울먹이고 있었다. 그들은 눈물을 흘리면서 이야기를 나누고 또 웃었다. 그리고 그 둘을 지켜보고 있던 모두가 눈시울을 적셨다.

드웨인은 딸에게 몇 번이나 사과했다. 그가 어떻게든 견뎌내며 억눌러 왔던 지난날의 죄책감이 한꺼번에 쏟아져 나오고 있었다. 그는 자신의 과거를 직시하며 속죄하고 있었다. 그는 딸에게 "내가 훔쳤어. 내가 네 물건들을 훔쳤어. 상처를 주려고 했던 건 아니야."라는 말을 계속 건넸다. 그는 마약을 사기 위해 딸의 물건을 자주 훔쳤고, 심지어 딸의 식권을 훔친 적도 있었다.

브리타니는 마음속 깊이 맺힌 응어리를 풀어줄 말을 꺼냈다. "그런 건 하나도 중요하지 않아. 난 아빠가 나아지길 바랄 뿐이야. 그건 그냥 물건일 뿐이라고. 다시 돌려받지 않아도 상관없어. 나는 그냥 아빠가 보고 싶어서 여기에 온 거야."

드웨인은 시간이 2주 정도밖에 남지 않았다는 예상을 깨고 그 후로 4주를 더 살았다. 브리타니는 매일 그를 찾아왔고, 몇 시간 동안 풍선을 불어 그의 병실을 꾸미고 그와 사진을 찍기도 했다. 그들은 행복했던 기억을 하나하나 더듬어 보고, 함께하는 순간을 즐기며, 지나간 일들에 대한 농담을 나누곤 했다. 그리고 그 4주 동안 드웨인은 자신이 과거에 저지른 잘못을 속죄하며 현재의 행복에 감사한 마음을 표했다.

"호스피스 버펄로에 와서 정말 많을 것을 배웠어요. 내가 대접받고 싶은 대로 남을 대접해야 한다는 것도 알게 됐죠. 저는 너무 어두운 벽장에 갇혀 살면서 제 곁에 있는 다른 사람은 아예 신경도 쓰지 않았어요. 제 자신과 제가 원하는 것만 생각했죠. 하지만 이제 더 이상 그렇지 않아요. 이젠 이 세상에 저만 있는 게 아니에요. 제 안의 깊은 곳에 사랑이 자리하고 있다는 걸 알게 됐어요. 그 사랑을 제 안에서 끄집어내기만 하면 되는 거였어요. 제가 가지고 있는 좋은 점들을요. 그것들을 밖으로 끄집어내지 않고 숨기기만 하면 저는 성장할 수 없을 거예요. 이제 어떤 삶을 살고 싶은지, 어떤 것들을 바꿀 수 있는지를 알게 됐어요. 제 삶의 방식을 바꾸기 위해 할 수 있는 모든 것을 하고 싶어요. 그게 제가 원하는 전부예요. 제 자신을 잃지 않은 모습으로 새로운 삶을 살아 보고 싶어요."

드웨인에게 허락된 시간은 2주뿐이었고 그도 그 사실을 알고 있었다. 그렇지만 그는 죽음을 코앞에 두고 성장을 이야기하는 자신의 모습을 발견할 수 있었다. 그의 인간적인 고백에 겸허한 마음이 들었다는 말로는 부족할 만큼 우리 모두가 큰 감동을 받았고, 각자 자기 삶을 되돌아보는 계기가 됐다.

드웨인은 딸과 재회하면서 임종 전 경험을 통해 시작된 오랜 속죄 과정의 정점을 찍었다. 드웨인의 고통스러운 꿈에 대해 아무것도 몰랐던 브리타니는 그 만남을 통해 수많은 결점에도 불구하고 그녀가 사랑했던 아버지의 가장 멋진 모습을 다시 볼 수 있었다. 브리타니는 '아빠는 자신이 앓고 있는 병보다 내게 한 행동에 대한 죄책감에 더 상처를 받았다'는 말을 하기도 했다. 그들의 재회는 브리타니의 삶에도 변화를 가져다주는 것 같았다. 그날 만남을 계기로 그녀는 약물을 끊기로 결심했다.

드웨인은 딸과 다시 만나면서 어머니 조앤과의 관계에서는 불가능했던 의미를 찾았고 보호받는 기분을 느꼈으며 용서를 빌고 받을 수 있었다. 일흔두 살의 조앤은 여전히 마약 중독자였고, 아들이 아픈 몸으로 병상에 누워 있을 때에도 환각 작용을 일으키는 아들의 진통제를 훔쳐 복용하기도 했다. 그를 가장 사랑해 줘야 할 사람이 그를 가장 아프게 하고 있었다. 드웨인이 자기 딸에게 그랬던 것처럼 조앤도 자기 아들을 아프게 했다. 이런 불합리한 상처의 대물림은 드웨인이 딸에게 용서를 구하고 용서를 받으면서 비로소 끊어 낼 수 있었다. 드웨인의 딸은 그를 사랑해 줬고 그가 저지른 잘못보다 그의 존재를 더 소중히 여겼다.

구원은 관념이나 신념 그 이상의 의미를 지닌다. 구원은 행동을 통해 이뤄진다. 드웨인의 경우, 임종 전 경험이 그가 변화하는 데 도화선이 됐을지는 모르지만, 그는 딸 브리타니를 통해 비로소 구원받을 수 있었다. 드웨인은 단순히 신에게 용서받기를 원한 게 아니었다. 그는 자신의 딸에게 용서받기를 원했다. 브리타니는 드웨인이 문제를 해결하고 안정을 얻을 수 있게 해준 매개자였다. 브리타니는 드웨인이 가장 혼란스럽고 불안하고 고통스러운 순간에 나타나 그가 안도감을 느낄 수 있도록 해줬다. 그녀가 없었다면 그의 임종 전 경험은 사랑의 모습으로 발현하지 못했을 것이고, 그녀가 없었다면 그는 홀로 외롭게 죽음을 맞이했을 것이다.

에디와 마찬가지로 드웨인은 모든 것을 내려놓기 전에 그를 용서해 줄 딸이 필요했다. 그런 모습 역시 돌고 도는 우리 삶의 한 부분이라는 생각이 들었다. 부모를 통해 세상에 나온 자식이 이제 그 부모가 세상을 잘 떠날 수 있도록 돕고 있었다.

삶의 마지막 순간, 즉 죽음의 순간을 어떻게 정의하는 게 가장 좋을까. 한때 분리돼 있던 세계가 하나가 되는 순간이라고 정의하면 어떨까. 드웨인은 평생을 마약 중독자로 살아왔지만, 결국 양심적인 사람으로, 그리고 파렐 박사의 말을 빌리자면 영향력 있는 사람으로 생을 마감했다. 자기 앞으로 된 고지서, 집, 자동차는 물론이고 면허증조차 받아보거나 가져 본 적이 없고, 모든 것을 다 잃어 본 그 길거리 사기꾼은 결국 가장 중요한 모든 것을 가지고 세상을 떠났다. 그는 가장 좋은 모습으로, 즉 사랑받는 아버지이자 존경받는 인간으로 이 세상을 떠났다.

죽음을 맞이하는 때에는 선악의 경계가 모호해지는 경우가 많다. 갖가지 아름다움과 모순이 한데 뒤섞여 있는 인간의 본성을 인식하게 되면서 우리의 판단은 설 자리를 잃고 만다. 신체 기관이 기능을 멈추고 생명이 다하면, 비로소 우리는 존재를 있는 그대로 온전히 다시 바라볼 수 있게 된다.

5장

사는 대로 죽는다

좋은 죽음은 없다

산 자의 땅과 죽은 자의 땅이 있고
그 둘을 잇는 다리가 바로 사랑이다.
계속 살아남아 그 의미를 간직하고 있는 건
오직 사랑뿐이다.

— 손턴 와일더THORNTON WILDER, 《산 루이스 레이의 다리The Bridge of San Luis Rey》

사랑을 줄 수 없는
어머니

환자들은 임종 과정에서 내면 깊숙이 자리하고 있는 유대감이 되살아나고 서로 주고받는 사랑을 재확인한다. 죽음을 앞둔 말기 환자들은 보통 임종 전 경험을 통해 그들에게 가장 중요한 사람들과 다시 관계를 맺는다. 그 순간만큼은 산산조각이 나고 망가진 삶을 살아온 환자들조차 그들만의 방식으로 관계를 맺으며 친밀감을 느낀다.

그런데 나는 도리스라는 환자를 만나면서 깜짝 놀라지 않을 수 없었다. 도리스는 형제자매가 일곱 명이 있고, 결혼을 세 번 하고, 자녀는 여섯 명을 둔 여든세 살의 환자로 개인적인 것이 전혀 개입되지 않은 임종 전 경험을 반복적으로 겪고 있었다. 그녀는 군중과 건물이 내려다보이는 탁 트인 허공에서 아무 두려움 없이 날아다니는 꿈을 반복해서 꿨다. 그녀가 꿈속에서 느껐던 감정은 자신이 살면서 느껴 본 감정 중에서 가장 신나는 것이었다. 그렇게 신나는 경험은 초능력을 가진 슈퍼히어로의 모습을 떠올리게 할 정도로 그녀에게 큰 힘을 줬다.

"두 발을 딛고 서서 밀기만 하면 하늘로 날아오를 수 있었어요. 하늘을 날면서 눈에 보이는 모든 사람에게 말했죠. '겨자씨만 한 믿음만 있다면 당신도 갈 수 있어요' 그렇지만 이 세상에서 날 수 있는 사람은 저 하나뿐이었어요. 그게 산꼭대기든 어디든 건물 안에 있는 모든 사람을 내려다볼 수 있었죠."

도리스는 알 수 없는 군중 사이에서 무중력 상태가 되는 꿈을 꿨고, 그게 얼마나 신나는 일인지 알게 됐다. 그녀는 "그 꿈에서 깨어나고 싶지 않았어요."라고 말했다. 그 꿈은 교회의 스테인드글라스 창문을 통해 날아가는 날개 달린 천사와 그 모습을 지켜보며 깜짝 놀란 군중들이 나오는 장면으로 끝이 났다.

도리스는 자신의 꿈에서 그 어떤 개인적인 관계도 찾아볼 수 없다는 사실이 별로 놀랍지 않다는 듯 내 눈을 똑바로 바라보며 사랑을 느낀다는 게 어떤 감정인지 잘 모르겠다고 말했다. 사랑이라는 감정은 그녀에게 이질적인 감정이었을 뿐 아니라, 그녀는 그게 어떤 느낌인지 전혀 공감하지 못했다. 도리스는 한 번도 사랑을 느껴 본 적이 없다고 아무 거리낌 없이 말했고, 마치 그게 아주 자연스러운 일인 것처럼 몇 번을 반복해 말했다.

"사랑, 사랑이 뭔지 난 잘 몰라요. 난 내가 해야 할 일만 해요.

사랑한다는 말을 할 수는 있지만, 그렇다고 그 감정이 느껴지지는 않아요. 항상 TV에서 사랑을 이야기하는 장면들을 보면서 생각하죠. '어떻게 저런 일이 일어날까? 저들은 키스를 할 때 왜 눈을 감을까?' 그냥 나랑은 맞지 않는 감정인지도 모르죠. 사람들을 사랑에 빠지게 하는 게 뭔지 궁금해요."

나는 도리스가 꾼 꿈들에 대한 이야기를 나누기 위해 그 자리에 있었지만, 꿈 내용과 사랑에 대한 그녀의 생각이 나를 꼼짝 못하게 만들었다.

도리스는 굳이 설득하지 않아도 자신이 살아온 특별한 삶을 내게 자세히 들려줬다. 나는 그녀의 임종 전 경험이 내용 면에서는 특이할지 모르지만 그녀가 살아온 방식과는 완벽하게 일치한다는 사실을 곧 알게 됐다.

도리스는 불우한 가정에서 태어난 여덟 남매 중 한 명으로 매사추세츠주 뉴베리포트에서 자랐다. 그녀의 아빠 토머스는 심각한 알코올 중독만큼이나 화려한 전과 기록을 가진 아마추어 권투 선수였다. 그는 너무나 소심해서 자기 자신을 드러낼 줄도 모르는 아내 루스에게 특히 더 폭력적이었다. 도리스는 엄마 루스가 '겁이 너무 많아 저항할 줄도 모르는' 사람이었다고 회상했다. 그녀는 아빠가 한밤중에 엄마를 때리고 강간하는 소리를 듣고 잠에서 깬 적도 있었다. 도리스는 동생들을 꼭 끌어안고 아빠의 폭행이 끝나기만을 기다리며 어둠 속에서 침묵을 지켰다. 그녀가 다른 형제들과 함께 쓰던 일인용 침대에는 이와 벼룩이 들끓었다. 그들은 쓰레기와 쥐가 득실대고 심지어 사람 배설물까지 바닥에 며칠씩 나뒹굴어 다니는 공간에서 살았다. 밖에서 바라본 그들의 목조 주택은 꼭 버려진 집 같았다.

도리스는 가족들과 한 회사 마당에 석탄을 구하러 갔다가 주 당국에 걸렸던 날을 생생하게 기억하고 있었다. 루스는 아이들에게 울타리 밑으로 기어들어가 난방용 석탄을 구해오도록 시켰다. 가족들은 모두 체포됐고, 법원 관계자들은 실의에 빠진 루스에게 지저분하고 게으르며 자기 아이들조차 제대로 돌보지 못한다고 책망하며 훈계했다. 도리스는 당시 그 상황에 충격을 받아 넋이 나가 있던 엄마 루스의 눈을 오랫동안 잊지 못했다. 눈물이 루스의 볼을 타고 흘러내렸고, 때가 덕지덕지 붙어 있던 얼굴에 눈물 자국이 진하게 남았다. 어쩌면 그런 기억들 때문에 딸 도리스는 자신을 지켜주지 못한 엄마보다 사랑 그 자체를 계속 원망하게 됐는지도 모른다.

며칠 후, 주정부 사회 복지사들이 아이들만 있는 도리스의 집으로 찾아왔다. 그들은 아이스크림을 사주겠다며 아이들을 구슬려 밖으로 데리고 나왔다. 도리스는 그 뒤에 한 위탁 가정에 맡겨졌고, 다른 두 형제인 앨버트와 로버트 역시 다른 위탁 가정에 맡겨졌다. 당시 도리스는 여덟 살이었다. 그녀는 그 후로 두 번 다시 엄마를 볼 수 없었고, 앨버트와 로버트는 몇 년이 지난 뒤에야 다시 볼 수 있었다.

　모성애는 도리스를 실망시킨 첫 번째 유형의 사랑이었을 것이다. 그러나 주정부에서 도리스와 두 형제를 맡긴 위탁 가정들도 그들이 전에 살던 집보다 안전한 보금자리가 아니었다. 위탁 부모들은 도리스와 두 형제를 수년간 학대하며 무책임하게 방치했다. 그들은 결국 월터 E. 퍼날드 공립학교로 전학을 가게 됐다. 도리스는 그 학교에서 열두 살부터 열여섯 살까지, 인격 형성에 가장 중요한 시기를 보냈다.

　도리스의 이야기는 워낙에 독특해서 그 일부가 퓰리처상을 수상한 마이클 단토니오Michael D'Antonio의 《더 스테이트 보이즈 리벨리온The State Boys Rebellion》에 담기기도 했다. 퍼날드 공립학교는 단토니오가 미국 우생학의 참상을 다루면서 지목한 바로 그 공립학교로, 내가 도리스의 특이한 임종 전 경험을 이해하기 위한 단서를 찾아낸 곳이기도 하다.

　찾아보니, 월터 E. 퍼날드 공립학교는 스스로 자립해 살아가는 데 필요한 기술을 배울 수 없는 사람들을 돕기 위해 1848년 설립된 학교였다. 그러나 1940년대에 도리스와 두 형제가 그 학교로 옮겨갔을 때는 우생학 운동과 관련한 목표와 포부를 실현하느라 박애주의적인 설립 취지는 뒷전이 된 지 오래였다. 그 시기는 지적 능력이 뛰어나지 못한 사람들을 인류에 대한 위협으로 여기던 시대였다. 사이비 과학자들은 축산업에서 나온 선택 번식 품종 개량의 원리를 인간에게 적용함과 동시에 열성 유전자에 대한 실험을 통해 인간을 우수한 인종과 그렇지 않은 인종으로 나누려 했다. 그들은 지능이 눈동자 색처럼 유전된다고 믿었다. 실제로 그 시대에는 바보, 멍청이, 얼간이와 같은 단어들이 의학 용어로 사용되기도 했다.

우생학과 관련된 미국의 어두운 역사에 대해 살펴보니 충격 그 자체였다. 그 시대의 전문가들은 아동 발달과 관련된 강력한 증거조차 무시한 채 우생학을 맹목적으로 신봉했다. 알코올 중독, 가정 폭력, 실직, 가난으로 가정생활이 불안했던 도리스와 그녀의 형제들이 바로 그 시대의 희생양이었다. 그들은 '지적 장애'가 있는 아이 취급을 받았다. 도리스는 퍼날드에 도착하자마자 지적 장애가 있는지 확인하는 지능 검사를 받았고, 그 결과는 그녀의 가정환경 상 이미 정해져 있었다.

그녀는 당시 열두 살이었던 자신이 '지팡이를 짚고 다리를 끌며 들어온 여자' 심리학자에게 검사를 받으면서 얼마나 섬뜩했는지 생생하게 묘사했다. 도리스는 종이를 접고 블록으로 수행하는 검사에 집중하다가 걷잡을 수 없이 몸을 떨었던 기억을 떠올렸다. 그녀는 여자 아이들이 묵는 시설 안에 있는 병동으로 보내졌기 때문에 자신이 그 검사를 통과하지 못했다고 생각했다. 그곳에는 도리스처럼 가난하고 문제가 있는 가정환경에서 자란 평범한 십 대 아이들이 있었다. 그 아이들 역시 정신적 결함이 있는 지적 장애아 취급을 받았다.

그녀와 운명을 함께한 아이들은 단순히 그 안에 갇힌 게 아니었다. 그들은 자기들을 돌보는 직원들과 더 나이 많은 원생들에게 괴롭힘을 당하고, 인간성을 훼손당하고, 짐승 취급을 받으며 성폭행을 당했다. 몇몇은 실험 대상이 되기도 했다. 도리스의 동생 앨버트는 자신이 '과학 클럽' 회원으로 선정됐던 일을 기억하고 있었다. 그 클럽의 어린 회원들은 아무것도 모른 채 방사성 칼슘을 넣어 조리한 시리얼을 먹어야 했다. 하버드 대학교, MIT, 원자력 위원회ACE, 식품 회사인 퀘이커 오츠의 후원을 받아 진행된 실험의 일부였다. 학교에서 동의 없이 행해진 다른 형태의 의학적 개입으로는 뇌엽 절제술, 전기 충격 요법, 불임 수술 등이 있었다.

다른 아이들과 마찬가지로 도리스도 결국 비용 절감 대책으로 원생들로 구성된 팀에 합류해 일하게 됐다. 그녀가 가장 힘들어한 일은 시설 내에서 몸이 가장 불편한 아이들을 돌보는 것이었다. 그녀는 우리 창살 사이로 아이들에게 숟가락으로 밥을 떠먹인 일을 떠올렸다. 그녀는 그 아이들이 자기를 와락 잡아채려고 할까 봐 겁이나 우리에 달린 문을 열 수가 없었다. 일부는 장애가 너무 심해서 그들이 인간이라는 사실을 잊게 할 정도였고, 그들이 그렇게 갇히게 된 이유가 무엇이든 간에 그 증상이 자신에게 전염될까 봐 걱정하곤 했다. 그녀는 그 아이들이 왜 우리에 갇히게 됐는지 알 수 없었지만, 자기가 그 다음 차례가 될지도 모른다는 두려움에 떨곤 했다.

십 대 소녀의 탈출

4년 동안 퍼날드에서 참혹한 경험을 한 도리스는 살기 위해 탈출해야겠다고 결심했다. 도리스는 자신이 탈출한 날을 똑똑히 기억하고 있었다. 그날은 1952년 7월 첫째 주 일요일이었다. 그녀는 반바지와 티셔츠로 갈아입고 경비가 느슨한 틈을 타 슬그머니 빠져나갔다. 다행히 도리스는 감독관의 집에서 하녀로 일하고 있었기 때문에 상대적으로 감시를 덜 받고 있었다. 그녀는 큰길로 걸어 나가 엄지손가락을 치켜들었다. 그리고 자기 앞에 멈춰선 첫 번째 차에 무작정 올라탔다. 그 젊은 운전자의 목적지는 그녀가 생전 처음 듣는 지역, 버펄로였다. 그녀는 주저하지 않았다. 그게 어디든 퍼날드보다는 나을 거라고 생각했다.

군인 신분의 젊은 운전자는 버펄로와 온타리오주 포트 이리Fort Erie를 잇는 피스 브리지Peace Bridge에서 그녀를 내려줬다. 도리스는 생전 처음 가 본 곳에서 아는 사람도 없이 무일푼에 혼자였지만, 마침내 자유를 느낄 수 있었다.

도리스는 아무것도 가진 게 없어 가장 먼저 눈에 띈 가톨릭 교회로 걸어 들어갔다. 그곳에서 만난 수녀들은 도리스의 이야기를 듣고는 믿을 수 없다는 듯이 깜짝 놀라면서 그녀가 지역의 한 정신 병원에서 검사를 받을 수 있도록 해 줬다. 도리스는 나이가 지긋한 시각 장애인을 돌보는 입주 간병인이 됐고, 열여덟 살이 되던 해 그 시각 장애 여성의 아들과 결혼했다. 당시 그 남자는 서른다섯 살이었다.

도리스는 결혼 첫날밤에 받은 충격을 떠올리며 말했다. "나는 섹스에 대해 아는 게 아무것도 없었어요. 청춘을 즐길 시간이라고는 아예 없었으니까." 나중에 도리스가 남편이 불임이었다는 사실을 알게 되면서 결국 그 혼인은 무효가 됐다. 그 후 그녀는 자동차 공장 근로자인 제임스를 만나 두 번째 결혼식을 올리고 슬하에 여섯 자녀를 두게 됐다. 제임스는 도리스에게 단 한 푼도 생활비를 주지 않았고, 가정도 돌보지 않았다. 도리스는 20년 동안 남편의 정서적 학대를 견디다가 결국 그 한계를 느끼고 말았다.

몇 년 후, 도리스는 세 번째 결혼생활을 하면서 남편에게 심한 신체적 학대를 받았다. 그녀의 사건을 맡은 가정 법원 판사가 그녀를 불러 남편과 계속 살고 싶다면 총을 구입해 사용 방법을 익혀 두는 게 좋겠다고 말할 정도로 심각했다. 세 번째 남편이 치명적인 암 진단을 받고 몇 주 만에 세상을 떠나면서 도리스는 그 끔찍한 고통에서 자유로울 수 있었다.

도리스의 과거는 가혹하고 비극적인 사건들로 점철되어 있었다. 처음에는 엉뚱하게만 보였던 그녀가 왜 그렇게 사랑이라는 감정에 무감각해질 수밖에 없었는지 알 수 있을 것 같았다.

사랑의 기반이자 사랑을 느끼고 쌓아갈 수 있게 해 주는 신뢰는 평생에 걸쳐 계속된 배신으로 산산이 부서져 있었다. 그녀를 상습적으로 학대하고 버리고 가두고 구속한 사람들은 그녀를 사랑한다고 말하는 사람들이었거나 결국 그녀에게 상처만 준 보호자들이었다. 심지어 그녀와 가장 가까운 가족인 엄마, 형제, 자식들조차 그녀에게 공허한 마음만 들게 했다. 도리스는 자신의 정서적 애착이 제대로 발달하지 않은 점이 자녀와의 관계에도 영향을 미쳤다고 고백했다. 그녀는 아이들을 먹이고 돌보며 잘 대해 줬지만, 그저 로봇처럼 그 의무를 다할 뿐이었다. 그녀는 "사랑해."라는 말을 할 줄은 알았지만 실제로 그 감정이 가슴에서 우러나오지는 않았다. 도리스는 자신이 받아 본 적 없는 것은 줄 수도 없었다고 고백했다.

임종몽과 임종시는 '사는 대로 죽는다'라는 말이 담고 있는 그 의미보다 훨씬 더 체계적이다. 임종 전 경험은 과거의 사건을 무작위로 불러내지 않는다. 임종 전 경험은 친숙한 기억은 불러내고 고통스러운 기억들은 없애며 힘을 주는 기억에는 새로운 이야기를 덧붙이기도 한다. 또 죽음을 앞둔 환자들이 편안하게 죽음을 맞이하는 데 꼭 필요한 장면들을 보여 주거나 그들에게 가장 중요한 기억을 수정할 기회를 주기도 한다. 임종 전 경험은 트라우마를 다시 끄집어 낼 수도 있지만, 보통은 그로 인해 나타날 수 있는 부정적인 효과를 초월하는 방식으로 그 트라우마를 다시 경험하게 된다.

도리스는 하늘을 날아다니는 첫 번째 꿈에 이어 그녀의 마지막 연인이었던 리처드의 꿈을 반복적으로 꿨다. 리처드는 그녀에게 신체적으로나 언어적으로나 그 어떤 학대도 가하지 않은 유일한 남자였다.

그들은 순간적인 기분에 이끌려 만나게 됐다. 그는 매력적인 남자였고, 늘 격식을 갖춰 옷을 차려 입었다. 두 사람 모두 순전히 서로의 신체적 매력만을 보고 서로를 만난다고 생각했다. 서로에게 큰 기대를 하지 않았던 관계는 가볍고 무덤덤했다. 그리고 자신도 모르는 사이에 도리스는 리처드와 14년이라는 세월을 함께하고 있었다. 그들은 14년 동안 서로 책임질 필요가 없는 유쾌한 관계로 아플 때나 건강할 때나 함께했다.

그러던 어느 날, 그들의 관계는 리처드의 갑작스러운 제안으로 큰 변화를 맞게 됐다. 리처드가 도리스에게 청혼을 한 것이었다. 도리스는 그의 청혼을 거절했을 뿐만 아니라 늘 그래 왔던 방식으로 그에게서 도망쳐 버렸다. 도리스는 리처드에게 새 보금자리로 이사를 가자고 했고, 리처드는 그 제안을 결혼생활의 서막으로 받아들였다. 그녀는 자신의 집에서 한 시간 거리에 있는 뉴욕주 바타비아에 있는 작은 마을에 '함께' 살 새 아파트를 구입해 그를 그곳으로 보낸 뒤, 자신의 새 주소는 남기지도 않은 채 사라져 버렸다. 리처드는 한동안 도리스를 찾아 연락을 취하려 했지만, 아무 소용이 없었다.

도리스가 리처드 곁을 떠나온 지 20년이 넘고, 그의 사망 소식을 접한 지 5년이 지난 시점에 도리스는 리처드가 나오는 꿈을 꾸고 있었다. 유행에 민감한 사람이라던 그 남자는 정돈된 머리와 눈썹을 가진 모습으로 이제 꿈속에서 그녀를 바라보고 있었다. 리처드는 아주 자상한 모습으로 도리스의 마음을 아프게 할 만큼 간절한 표정을 내보이며 그녀의 시선을 사로잡고 있었다. 그는 두 팔을 벌린 채 그녀에게 다가왔고, 그녀를 가장 따뜻한 포옹으로 맞이할 준비가 돼 있었다. 도리스는 리처드가 순수한 마음으로 자신을 간절히 원하는 것처럼 보였다며 좀 뜻밖이라는 투로 설명했다. 그녀는 그가 "사랑해."라고 속삭이는 말을 들을 수 있었다.

한때 그녀가 사랑에 대한 불신으로 거부했던 한 남자가 도리스의 사랑을 간절히 바라고 있었다. 도리스의 임종 전 경험은 그 남자에게 그녀가 받았던 사랑의 희미한 기억을 더 극적인 모습으로 증폭시켰다. 꿈속에서 리처드는 사과하고 있었다. 도리스는 리처드와 대화를 나누고 웃고 춤을 추면서 생전에 함께했던 모습과는 다른 방식으로 그와 다시 만나고 있었다. 그녀는 두근거리는 마음으로 따뜻함을 느끼며 그 꿈에서 깨곤 했다. 그녀는 꿈속으로 돌아가 다시 불붙은 그 사랑을 이어 가고 싶었다.

임종 전 경험 덕분에 도리스는 두 번째 기회를 얻게 됐다. 사랑이 자신에게 또다시 상처를 줄 수 있다는 사실을 기꺼이 받아들일 용기를 낼 마지막 기회였다. 실제 기억 속에서는 사랑을 찾기 어려웠지만, 임종 전 경험을 통해서는 자신이 살아온 삶에 없던 것을 경험하고 있었다. 그리고 바로 지금 이 순간, 그녀는 사랑을 느끼고 있었다. 그녀가 꿈속에서 전개해 나가고 있는 그 사랑이 그녀가 실제로 겪었던 경험인지 아닌지가 중요한 게 아니었다. 중요한 것은 그녀가 마침내 마음의 소리에 귀 기울이며 인간적인 애착을 수용하게 됐다는 사실이었다. 도리스의 임종 전 경험은 그녀의 삶이 평생 충족시켜 주지 못했던 감정적 욕구를 채워 줬다. 그녀는 한 꿈에서는 병적인 집착, 구속, 학대에서 해방됐고, 또 다른 꿈에서는 마침내 사랑을 경험할 수 있었다.

도리스는 리처드와 함께했을 때 그와 신뢰를 쌓고 관계를 형성하는 데 큰 어려움을 겪었지만, 꿈을 꾸고 난 이후 그녀는 조심스럽게 말했다.

"리처드는 날 진심으로 사랑한 첫 번째 사람이었는지도 몰라요."

도리스는 비로소 자기 자신을 되찾을 수 있었다. 이제 사랑을 받을 가치가 있는 사람으로 자기 자신을 바라보기 시작했다. 내가 알던 도리스가 이 같은 변화를 보였다는 것은 이제 그녀도 사랑할 수 있다는 사실을 보여 주는 징표라는 생각이 들었다. 결국 사랑을 받으면 사랑을 주게 돼 있다.

내가 아는 그 어느 누구보다도 극적인 삶을 실아온 도리스는 자신의 삶에서 경험하지 못한 사랑을 꿈속에서 새롭게 경험했다. 그녀는 마지막 몇 달 동안 평생을 짊어지고 왔던 자신의 깊은 상처를 어루만지며 더 깊이 치유하고 더 많이 성장할 수 있었다. 드웨인의 여정과 마찬가지로 도리스의 마지막 여정도 삶의 끝에서 겪게 되는 그 특별한 변화에 내재한 인간의 본성을 보여 주고 있다.

어느 경찰관의
마지막 꿈

임종몽과 임종시는 하나의 고정된 의미를 가진 개별 현상이 아니다. 환자가 살아온 삶에 따라 어떤 사람에게는 해방감을 주는 경험도 다른 누군가에게는 고통스러운 경험이 될 수 있다. 예컨대, 날아다니는 임종몽을 경험한 내 친구 패티는 비슷한 꿈을 통해 엄청난 자유로움을 느꼈던 도리스와 달리 극심한 고통을 느꼈다.

패티 파레테Patty Parete가 근무 중 총상을 입었을 때 버펄로 경찰서에 근무하는 동료 경찰관들뿐 아니라 버펄로 지역 사회 전체가 비탄에 빠졌다. 사건은 2006년 12월 5일 밤, 패티와 그녀의 파트너 칼 안돌리나가 한 편의점에서 들려온 싸움 소리에 대응하는 과정에서 발생했다. 싸움 현장을 찾아간 그들은 열여덟 살 소년의 총에 맞았다. 법적 나이가 되면서 더 이상 미성년 범죄자 신분이 아니었던 그는 감옥에 가게 될 것이 두려워 경찰관에게 총을 쐈다. 패티는 범인이 아주 가까운 거리에서 쏜 총 두 발을 맞았다. 첫 번째 총알은 방탄조끼에 맞았지만, 두 번째 총알은 그녀의 턱을 관통해 척추에 박히고 말았다. 패티는 목 아래로 전신이 마비됐다. 당시 그녀의 나이는 마흔한 살이었다.

총격 사건이 있고 난 후, 버펄로 경찰서 직원들은 그녀의 병상에서 뜬눈으로 밤을 지새웠고, 뉴욕주 북부 지역 사회에서는 지원금을 모금하기 위한 대규모 집회를 벌였다. 패티는 뉴저지주 웨스트 오렌지에 있는 케슬러 재활병원 Kessler Institute for Rehabilitation에서 재활 치료를 받았지만, 9개월에 걸친 물리 치료를 받고도 팔다리를 움직일 수 없었다. 2009년 나이아가라 카운티에 장애를 가진 그녀를 위해 맞춤형으로 설계된 집이 새로 지어졌고, 버펄로시는 평생을 함께하며 그녀를 돌볼 반려자 메리 엘렌에게 급여와 수당을 지급하는 전례 없는 혜택을 제공했다.

패티는 그들에게 고마워했다. 컨디션이 좋은 날에는 사람들에게 직접 고마운 마음을 전하기도 했다. 문제는 컨디션이 좋은 날이 손에 꼽을 만큼 적었다는 것이다.

그녀를 환자로 받아 달라는 부탁을 내가 받게 된 이유는 그녀가 보이는 신체적 증상이 꽤 심각했기 때문이다. 그녀는 육체적 고통도 정신적 고통에 맞먹을 정도로 매우 극심하게 느끼고 있었다. 패티는 목 아래로는 아무 감각이 없었지만, 의학적으로 중추성 통증 증후군central pain syndrome으로 정의할 수 있는 환상통phantom sensations(절단되거나 마비된 신체 기관에서 통증을 느끼는 증상을 말한다 - 옮긴이)을 겪고 있었고, 그녀는 '펄펄 끓는 기름에 들어가 있는 것처럼' 타는 듯한 통증을 느낀다고 말했다.

패티는 초반에 나를 '내 의사'라고 불렀다. 나는 그 말에 내심 감동을 받았다. 뭔가 사사로운 감정이 들면서 애정이 느껴지기까지 했다. 그러나 얼마 지나지 않아 그녀는 내가 무엇을 해야 하고, 무엇을 하지 말아야 하며, 또 어떻게 해야 하는지 일일이 설명하기 시작했다. 나는 곧 '내 의사'라는 표현이 애정의 표시라기보다는 나를 자기 마음대로 다루겠다는 의미라는 사실을 깨닫게 됐다. 그녀는 내 주인 행세를 했다. 어떻게 보면 패티는 내게 자신의 의사를 해도 된다는 허락을 해 준 것이나 다름없었다. 그리고 그것을 증명하기라도 하듯, 그녀는 나를 한 번 해고했다가 갑자기 생각이 바뀌었다는 듯이 다시 고용하면서 대놓고 나를 '관리인'이라고 부르곤 했다.

패티는 의사들에게 까다롭게 굴기로 악명이 높았고, 그랬기에 여러 차례 담당 의사가 그만두었다. 주치의가 그만둘 때마다 패티는 버림받는 기분이 들어 여러 차례 상처를 받기도 했다. 패티의 뿌리 깊은 의심과 불신에서 나온 불만을 두고 그녀와 격

142   5장

렬한 언쟁을 벌이고 난 뒤, 나는 결국 종이에 몇 가지 사항을 휘갈겨 적은 우리의 새로운 '계약서'를 들고 그녀 앞에 섰다. 그 종이에는 "나, 패티 파레테의 의사 크리스토퍼 커는, 패티 파레테의 곁을 떠나지 않겠습니다. 영원히."라고 적혀 있었다. 패티는 그 종이를 침대 옆 탁자 서랍 속에 넣어 놓고는 병원에 갈 때마다 그 종이를 꼭 들고 가야 한다고 우겼다. 그 말은 문자로 적혀 있기는 했지만 그 내용은 우리 관계를 규정하는 무언의 합의와도 같았다.

패티는 고통에 시달렸다. 그녀는 내가 이제껏 한 번도 본 적이 없는 모습으로 고통받고 있었고, 앞으로도 그런 환자는 다시 볼 수 없을 것 같다는 생각이 들었다. 그녀는 나와 간호사, 그리고 자신의 반려자 엘렌에게 죽을 수 있게 해 달라고 끊임없이 애원했다. 신체적으로나 정신적으로 그녀가 견뎌야 했던 고통의 정도가 너무나 극심해서 그녀를 담당했던 의사들만큼이나 많은 도우미들이 일을 그만두었다. 극심한 고통에 끊임없이 시달리는 누군가를 지켜봐야 하는 사람들이 겪게 되는 부차적인 트라우마를 간과해서는 안 된다. 안타깝게도 자기 방 밖으로 나가지 않으려는 패티의 생활 방식은 결국 그녀의 반려자 메리 엘렌까지 떠나게 만들었다. 오랜 시간을 함께해 온 소중한 친구 폴리는 어려운 병간호를 관리 감독하기 위해 패티의 집에 들어가 지내기 시작했다.

몇 년 동안 패티가 꾼 꿈은 그녀에게 아무런 안도감도 주지 못했다. 오히려 그녀에게 고통을 줬고, 전보다 더 괴로운 마음으로 꿈을 꾸다 깨곤 했다. 보통 꿈을 꾸게 되면 다시는 되돌아갈 수 없는 예전의 튼튼하고 활동적인 자기 모습이 보였다. 패티는 스카이다이빙을 하거나 중력을 거슬러 공중으로 날아오르는 꿈을 꾸곤 했다. 그녀는 꿈속에서 뛰어내리기 직전에 비행기를 가득 메운 차가운 바람이 몰아치는 기운을 느낄 수 있었고, 그녀의 발아래로 펼쳐진 풍경을 바라보면서 팔과 목을 타고 소름이 돋는 것도 느낄 수 있었다.

패티는 자신이 좋아하는 오토바이를 타는 꿈도 자주 꿨다. 그녀는 확 트인 시골 길을 달리면서 다리 사이로 전해지는 오토바이의 힘을 느낄 수 있었다. 또 나무, 풀, 건초, 배기가스 냄새를 맡을 수도 있었다. 패티는 오토바이를 타고 달릴 때 아드레날린이 샘솟으면서 아주 흥분된 감정을 다시 느꼈다. 그러나 그렇게 즐거운 꿈을 꾸고 나면 부상을 입고 장애인으로 살아가고 있는 자신의 끔찍한 현실과 한계를 다시 마주해야 했다. 현실과 꿈 사이에서 상반된 경험을 계속해 나가면서 그녀는 극심한 고통을 느꼈고 그 고통은 수그러들 줄을 몰랐다.

패티는 취미로 야외 활동, 달리기, 할리데이비슨 브이로드 Harley-Davidson V-Rod 오토바이를 즐기는 열정적인 여자였다. 패티는 2001년 서른여섯 살의 나이로 경찰관이 됐다. 그 후 5년 동안 그녀는 엄청난 노력과 집념으로 아주 잘 단련된 최적의 신체 조건을 유지했다. 패티의 동료 중에도 그녀와 같이 체지방이 제로에 가까운 신체 조건을 자랑할 수 있는 사람은 거의 없었다.

장기가 파열되는 돌이킬 수 없는 부상을 입은 비극적인 상황에서도 패티는 전과 다름없는 모습이었다. 그녀는 매력적인 동시에 여전히 까다로운 사람이었고, 터프하면서도 다정했으며, 과묵하면서도 의미 있는 대화를 할 줄 알았다. 나는 패티의 짓궂은 유머 감각을 기억한다. 그녀가 해적처럼 호탕하게 웃던 모습도 여전히 눈에 선하다. 그녀가 새로 입양한 치와와 이름을 지을 때, 내가 내 이름을 따 크리스, CJ, 아니면 크리스 주니어라 부르자고 했던 일도 생생하게 기억난다. 그녀는 가만히 웃으며 내게 생각해 보겠다고 말했다. 몇 주 후, 나는 다시 그 치와와의 안부를 물었고, 그녀는 호탕하게 웃으며 답했다.

"제리요? 방금 수의사를 보러 갔다가 그의 이름을 따 제리라고 바꿨어요." 내가 당황하는 기색을 보이자 그녀는 재미있어했다.

시간이 지나면서 패티의 건강은 악화됐다. 그녀는 낮에도 기계식 인공호흡기에 더 많이 의존할 수밖에 없었다. 그녀의 죽음이 현실로 다가올수록 버림받음, 고통, 사후 세계에 대한 그녀의 두려움은 서서히 사라져갔다. 패티는 부상당하기 전의 삶을 꿈꾸거나 돌이킬 수 없는 비극에 대해 생각하는 일을 멈췄다. 더 이상 극심한 공포를 느끼지도 않았다.

패티는 마침내 임종몽에서 그녀를 처음으로 사랑해 준 그리고 마지막까지 사랑해 줄 한 사람, 바로 그녀의 어머니 도로테아의 품에 안길 수 있었다. 패티는 3년 전에 돌아가신 어머니가 보고 싶다는 이야기를 자주 하면서 어머니의 죽음을 늘 슬퍼했다. 전에는 꿈을 꾸고 나면 꿈속에서 온전한 몸으로 움직였던 기억이 그녀를 괴롭혔던 반면, 꿈속에서 그녀가 어머니와 포옹을 하며 느꼈던 좋은 감정은 그 여운이 오래도록 남아 다른 사람들과의 관계에까지 영향을 미쳤다. 이제 그녀는 친구들이 자신에게 보여 준 끈끈한 우정과 헌신이 얼마나 소중한 것인지 알 수 있었다. 패티는 그들의 희생을 부담스럽게 바라보지 않고 자신을 향한 그들의 사랑이자 인간애라는 생각을 하게 됐다. 그런 그녀의 모습을 보면서 나는 채플린인 케리 이건^{Kerry Egan} 목사의 멋진 말을 떠올렸다.

"사랑을 처음 그리고 맨 마지막으로 배울 수 있는 곳은 바로 가족의 품이다."

병을 앓으면서 자기 내면으로 한없이 침잠하고 있었을 패티는 이제 죽음의 문턱에서 다른 사람들의 고통에 관심을 기울이고 있었다. 그녀는 내 고통에도 관심을 보였다. 임종 직전에 그녀는 평소에 늘 내게 하던 대로 자기에게 가까이 와 보라며 손짓했다. 내가 그녀 가까이 귀를 갖다 대자 그녀가 내게 입맞춤을 전하며 말했다.

"내 의사 선생님, 사랑합니다."

그녀는 나를 배려하기라도 하는 듯 작별의 인사는 따로 고하지 않았다. 그녀는 그렇게 의사인 내가 느낄 감정까지 깊이 헤아리고 있었다.

패티는 그날 저녁에 세상을 떠났다. 어린 시절 시력과 청력을 잃은 헬렌 켈러는 '죽음은 한 공간에서 다른 공간으로 이동하는 것에 지나지 않는다'는 말을 듣고, "제겐 꼭 그렇지만은 않아요. 다른 공간에서는 어쩌면 볼 수 있을지도 모르니까요."라고 수화로 자기 생각을 밝혔다. 나는 패티도 자신 자신을 다시 온전하게 느낄 수 있는 '그 공간'을 찾았기를 바란다.

죽음을 맞이하는 과정에서 꼭 영적이고 종교적인 사람들만 초월적인 힘을 경험하는 것은 아니다. 나는 도리스와 패티가 노력과 용기를 필요로 하는 영적 죽음을 맞이했다고 믿는다. 그러한 임종 과정은 인생의 끝에서 우리가 온전한 자신을 되찾고 행복을 찾아 나설 수 있는 유일한 길인지도 모른다. 그 과정은 사랑과 연결돼 있고, 우리는 임종 전 경험을 통해 우리의 한계를 뛰어넘어 비로소 모든 것을 기꺼이 받아들이게 된다. 그 과정에서 마주하는 삶에 대한 긍정과 포용은 죽음보다 더 큰 의미를 지닌다.

6장

사랑은 한계를 모른다

오랜 부부가 헤어질 때

사랑은 한계를 모른다.

사랑은 모든 한계를 보란 듯이 뛰어넘는다.

사랑은 의무가 아닌 자발적인 행위이며

그 어떤 역경도 마다하지 않는다.

사랑은 아무리 힘들어도 포기하지 않고 도전한다.

— 토머스 아 켐피스THOMAS À KEMPIS

운명의 끈

"제 삶은 그로 시작해 그로 끝나요."

15년 전쯤에 만났던 한 호스피스 환자의 아내가 한 말이다. 알리자는 일흔네 살의 나이로 말기 환자인 남편을 돌보고 있었다. 그 부부는 54년째 함께해 오고 있었다. 호스피스에서 슬픔이 드리운 얼굴들을 자주 봐 왔지만, 큰 슬픔과 충격에 휩싸인 그녀의 모습은 내 발길을 멈추게 했다. 그녀는 "그 사람이 없는 삶은 생각조차 할 수 없어요."라고 속삭이듯 말했다. 그녀가 그 말을 하면서 어디에 서 있었는지 지금도 기억난다. 그녀의 그 온화한 태도, 애원하는 듯한 눈빛, 깊은 절망이 드러나는 표정도. 알리자가 네이선을 만나게 된 이야기를 들려줬을 때 나는 말문이 막히고 말았다. 그들의 사랑 이야기는 역사책에나 나올 법한 이야기였다.

그들의 이야기는 1942년 10월 21일, 폴란드 슈체브제신에서 제2차 세계대전 중 독일 점령군이 유대인들을 찾아 체포했던 운명적인 날로 거슬러 올라간다. 알리자는 당시 열세 살이었다. 이웃들이나 마을 사람들과 마찬가지로 그녀의 가족도 집에서 강제로 끌려 나와 시장에 집합하도록 명령을 받았다. 망연자실하고 공포에 질린 수백 명의 성인 남녀와 아이들이 줄지어 서 있었다. 알리자는 고함 소리와 잦은 총성이 뒤섞인 가운데 자신의 눈앞에 벌어졌던 초현실적인 일들을 다시 떠올리기 힘겨워했다. 어린 시절부터 알리자와 친구로 지내 온 열다섯 살의 네이선은 좁은 골목길에 서서 사랑하는 사람들이 잡혀가는 모습을 두려움에 떨며 지켜보고 있었다.

알리자는 네이선이 자신을 향해 달려오는 모습을 곁눈질해 가며 봤다. 네이선은 알리자의 손을 잡아채 그녀를 줄 밖으로 끌어냈다. 그녀는 그가 자신을 안전한 곳으로 데려가고 있다는 것을 본능적으로 알아챘고, 다행히 그 두 사람은 혼란한 틈을 타 감시의 눈을 피할 수 있었다. 알리자는 그 순간 시간이 멈춘 평행 우주에서 두 사람만 움직이고 있는 것 같았다고 말했다.

알리자는 두 번 다시 가족들을 만날 수 없었고, 얼마 후 그녀는 벨제크 수용소에서 벌어진 비극적인 사건을 알게 됐다. 네이선이 그곳에서 죽을 운명이었던 자신을 구해 준 것이나 다름없었다.

십 대 청소년이었던 알리자와 네이선은 숨어 지내면서 전쟁에서 살아남았다. 각자 미국인 가정에 입양됐고, 몇 년이 지난 뒤 둘은 재회했다. 그들은 결국 결혼해 충실한 삶을 살았다. 전쟁에서 기적적으로 살아남은 두 사람은 대학살로 산산조각 난 가족이라는 완전체를 함께 재구성하게 됐다.

네이선의 머리맡에 앉아 그의 손을 잡고 있던 알리자는 그가 없는 세상과 마주한다는 것을 상상조차 할 수 없었다. 알리자에게 네이선은 전부나 다름없었다. 알리자의 모든 것은 네이선에게 귀결돼 있었고, 그만이 그런 그녀를 이해할 수 있었다. 그는 그녀가 살아온 삶 그 자체였다.

내가 그들에게 해 줄 수 있는 것은 곁에서 그들의 이야기를 열심히 듣고 공감해 주는 것뿐이었다. 네이선의 내면에는 내가 감히 그 깊이를 헤아릴 수 없는 비극과 그 역경을 이겨낸 힘이 함께 자리하고 있었다. 내면에 깊이 자리한 기억들은 어떤 상처들, 특히 오래된 상처들로 인한 아픔은 결코 치유되거나 누그러지지 않는다는 사실을 상기시켜 줬다. 알리자는 그 두 사람이 함께한 역사와 서로 불가분의 관계라는 것을 보여주는 사랑의 화신이었고, 네이선이 죽음을 맞이하는 과정에서 겪는 경험들은 알리자를 통해 표출돼 나왔다.

의사로서 내가 네이선에게 줄 수 있는 도움은 한정돼 있었지만, 나는 알리자를 위로해 줘야 할 것만 같았다. 알리자가 네이선과 교감하는 모습은 사랑을 주고받은 사람들은 결코 홀로 죽지 않는다는 사실을 떠오르게 했다. 병상에 누워 있는 사람을 사랑으로 보살피는 일의 중요성이 그 어느 때보다 더 크게 마음에 와 닿았다. 나는 그에게 온전히 가 닿을 수 없지만, 그녀라면 가능하다는 것을 알 수 있었다. 소년 시절 그는 열세 살짜리 소녀를 죽음에서 구하기 위해 목숨을 걸었다. 네이선은 이제 나이가 들어 쇠약해지고 죽음을 앞두고 있지만, 그의 영혼은 알리자가 위로를 받았다는 사실을 알게 되면 흡족해 할 것 같았다.

어린 시절 잔혹한 죽음을 목격했던 알리자에게 네이선이 평화로운 임종 과정을 몸소 보여주지 않았다면 평온한 죽음은 상상하기조차 어려웠을 것이다. 그는 또다시 그녀를 상상할 수 없는 곳으로 인도한 사람이었다. 그는 슬픔 속에서도 그녀에게 살아남는 법을 가르쳐 줬던 것처럼, 죽음을 맞이하는 과정에서도 그녀에게 꿈꾸는 법을 일깨워 줬다. 임종이 가까워지자 네이선은 꿈속에서 젊은 시절에 겪은 트라우마가 아닌, 잃어버린 가족들이 있는 기억 속으로 되돌아갔다. 그 기억들을 억누르기 위해 평생 노력했음에도 불구하고 결국 그렇게 다시 되돌아왔다. 홀로코스트에서 살아남았을 때 할 수 있는 것은 그 일을 아예 떠올리지 않거나, 아니면 깊은 슬픔에 잠기거나, 둘 중 하나였다. 가족의 유일한 생존자인 네이선에게 삶은 선물이자 무거운 짐처럼 느껴졌다. 목숨을 빼앗긴 사람들의 몫까지 잘 살아내야 할 것만 같은 의무감을 피할 수 없었다. 그가 어떻게든 살아나갈 수 있었던 것은 알리자와 함께 나란히, 한 번에 한 걸음씩, 앞으로 나아가려는 노력 덕분이었다. 이제 네이선은 몸져누워 죽음을 기다리면서 홀가분한 마음이 들었고, 잔혹한 대학살이 벌어지기 전의 순수한 어린 시절을 편안한 마음으로 다시 떠올릴 수 있었다. 고인이 된 가족들이 그를 다시 찾아와 무사히 재회할 수 있었다. 네이선은 자신이 짊어지고 있던 과거의 무게를 오롯이 이해할 수 있는 유일한 사람인 아내, 알리자에게 자신의 임종 전 경험을 들려줬다. 네이선은 알리자가 정신적으로 잘 회복할 수 있도록 평화롭고 평온하게 죽음을 맞이하고 싶었다.

고대 중국 설화에서는 시간, 장소, 상황에 관계없이 반드시 만나게 될 운명인 사람들을 연결하는 '붉은 운명의 끈'이 있다고 이야기한다. 그 끈은 늘어나거나 서로 엉키기도 하지만 절대로 끊어지지는 않는다. 알리자의 삶과 행복은 네이선과 아주 촘촘하게 엮여 있었고, 그 둘의 유대감은 더없이 친밀하고 강력했다. 나는 중국 설화에 등장하는 사랑의 신이 운명의 짝에게 묶어 둔다는 그 비단실을 그 두 사람의 발목에서 발견한다고 해도 놀라지 않았을 것이다.

노부부의
오랜 사랑

며칠 간격으로 세상을 떠난 노부부 이야기를 들어본 적이 있을 것이다. 나는 그런 경우를 많이 봤다. 나는 뚜렷한 의학적 예후도 없이 배우자를 따라 세상을 떠난 사람들을 알고 있다. 우리 모두 그 원인이 사랑하는 사람과의 사별로 인한 슬픔 때문이라는 것을 알고 있다. 이는 어떤 낭만적인 해석이나 시적인 표현이 아닌 의학적으로 입증된 사실이다. 큰 상심은 심장병으로 이어질 수 있다. 그에 해당하는 진단명도 있다. 흔히 상심 증후군broken-heart syndrome이라 말하며, 의학 전문 용어로 스트레스 유발성 심근증stress-induced cardiomyopathy이나 타코츠보 심근증takotsubo cardiomyopathy으로 불리기도 한다. 상심 증후군은 소리 없이 몰래 그리고 갑작스럽게 나타난다.

베니라는 애칭을 가진 아흔 살의 버나드가 아내 글로리아와 사별한 직후 그에게 어떤 일이 벌어졌는지를 살펴보면 상심 증후군을 보다 잘 이해할 수 있다. 글로리아가 세상을 떠나기 직전 베니는 건강했다. 당시 여든일곱 살이었던 그는 활동적이고 사교적이며 독립적인 사람이었다. 그는 운전하는 것을 즐겼고, 평생 그가 살아온 삶의 터전이었던 버펄로 주변을 매일 운전하며 다녔다. 그러다가 아내 글로리아가 갑작스러운 감염병으로 황망하게 세상을 떠나자 그는 슬픔을 가누지 못했다. 그는 하루 빨리 죽고 싶다는 바람으로 하나님에게 기도했다.

베니는 아내가 묻힌 묘지를 매일 찾아갔다. 하루에 세 번이나 찾아갈 때도 있었다. 그는 아내 글로리아의 묘비 앞에 앉거나 무릎을 꿇고 기도하거나 그녀와 대화를 나누듯 혼잣말을 하면서 아내의 모습을 기억 속에 되살리곤 했다. 베니의 딸 모린이 묘비 앞에 엎드려 있는 그를 일으켜 세우려 하자, 그는 그 즉시 "내가 알아서 할 테니, 내버려 둬."라고 말하며 딸을 꾸짖었다.

글로리아가 세상을 떠난 지 정확히 두 달 후인 2016년 밸런타인데이에 베니는 영하의 날씨에도 불구하고 매일 하던 대로 아내의 묘지에 가겠다며 고집을 부렸다. 모린은 베니가 뭐라고 답할지 뻔히 알면서도 결국 참지 못하고 물었다.

"지금 뭐하시는 거예요? 죽기라도 하려는 거예요?"

베니는 조금도 주저하지 않고 답했다.

"할 수만 있다면 그러고 싶구나."

베니는 죽어 가는 아내에게 "이제 그만 다 내려놓아도 괜찮아."라고 말했던 사람이었다. 그러나 괜찮지가 않았다. 그때도 지금도 그리고 앞으로도 괜찮아질 것 같지 않았다.

기온이 영하 15도까지 뚝 떨어졌던 그 운명의 날, 모린은 글로리아의 묘비 주위를 서성이는 아버지의 모습을 지켜봤다. 그는 쌓인 눈을 헤치고 나가면서 결연하고도 무거운 발걸음으로

원을 그리며 돌고 있는 것처럼 보였다. 모린은 멀리서 처음 봤을 때에는 아버지가 추위에 계속 몸을 움직이고 있는 줄로만 알았다. 그런데 곧 그가 아주 신중하게 눈 위에 무늬를 그려 가며 반복해서 그 위를 걷고 있다는 사실을 알게 됐다. 모린이 가까이 다가가 확인해 보니, 베니는 글로리아의 묘 주변을 돌며 눈 위에 하트 모양을 새기고 있었다.

보통 베니는 묘지를 다녀오고 나면 근엄하고 사색적인 모습을 보였다. 그런데 그날 저녁에는 다른 때와 달리 숨이 차는지 불편해 보였다. 이후 이틀 만에 증세가 악화돼 응급실로 실려 갔을 때, 그는 이미 위독한 상태였다. 베니는 심근 경색으로 인해 말을 더듬는 증상을 보인다는 진단을 받았다. 결국 밸런타인 데이에 베니의 심장에 탈이 나고 만 것이었다.

제때 응급 처치를 받지 못하면서 회복이 불가능한 심장 질환으로 발전했고, 호스피스에서 치료를 받아야 했다. 베니는 아주 독립적인 존재에서 이틀 만에 자기 자신을 돌볼 수 없는 상황에 처했다. 그는 딸과 함께 호스피스에 머물러야 했다. 더 이상 글로리아의 묘를 찾아갈 수 없었던 베니는 꿈속에서 그녀를 찾아가기 시작했다. 그의 딸 모린은 "아빠는 지금 꿈속에 살고 있어요."라고 말하기도 했다. 그녀는 밤에 베니가 폴란드어로 사랑하는 글로리아에게 노래를 불러주는 소리를 들을 수 있었다. 베니와 글로리아는 어린 시절 폴란드어를 집에서 배우고 사용했기 때문에 두 사람은 폴란드어로 소통할 수 있었다. 한때 지나치게 사교적이었던 베니는 식사 시간에만 잠깐 깨어 있다가 다시 침대로 돌아가 잠을 청했다. 꿈속에서 자신의 아내를 다시 찾아가기 위해서였다.

노부부들은 우리에게 진정한 사랑에 관한 많은 것을 가르쳐준다. 그들의 사랑은 대단한 맹세도, 서로에 대한 충성심 테스트도, 드라마 같은 극적인 결말도 필요로 하지 않는다. 그들의 사랑은 시간을 필요로 하고 시간이 걸릴 뿐이다. 그들의 사랑은 우리 몸의 모든 신경 구석구석에 스며들어 있기에 그 사랑 없이 사는 것은 상상조차 하지 못한다. 특히 나이 든 환자들의 경우, 배우자를 향한 사랑은 곧 자기 자신을 의미한다. 직업, 야망, 취미, 계획 등은 모두 있다가 사라졌다. 여전히 그들 곁에 남아 있는 중요한 것은 그들이 평생 함께 공유해 온 감정, 인사, 애정 어린 눈빛, 재미있는 이야기, 용서를 통해 지키고 아끼며 가꿔 온 관계들이다.

낭만적인 사랑에 대한 우리의 문화적 해석은 모두 잘못된 것일지도 모른다. 가장 멋지고, 가장 깊고, 가장 강한 사랑은 젊음, 충동, 드라마 같은 극적인 사건, 절망 등을 이야기하는 사랑이 아니다. 진정한 사랑은 절개, 인내, 신뢰, 용서, 변함없는 수용을 이야기한다. 또 진정한 사랑이란 산 자는 자유롭게 놓아주고, 죽은 자는 잊지 않고 아로새기는 것이다.

57번째 결혼기념일

조안과 소니는 폴란드 이민 1세대 가정에서 태어났다. 그들의 가족은 노동자 계급이 주로 거주하는 버펄로 교외에 정착했고, 조안과 소니는 길 건너 이웃으로 살면서 함께 성장했다. 소니가 조안에게 우정의 플라스틱 반지를 줬을 때, 그녀는 겨우 열한 살이었다. 조안은 그 플라스틱 반지를 자신이 가장 귀중하게 생각하는 소지품 중 하나로 소중히 간직했다.

성인이 되어 두 사람은 결혼했고 부부가 되어 57년을 함께했다. 조안과 소니는 두 사람 모두 회복이 불가능한 말기 암 진단을 받고도 삶의 마지막을 함께 보낼 수 있다는 사실에 고마움을 표한 부부였다. 둘 다 호스피스 프로그램에 등록해 집에서 돌봄 서비스를 받았다. 그들은 죽음이 얼마 남지 않았다는 사실을 받아들이고, 각자 앓고 있는 병을 관리하기 위해 실천할 만한 둘만의 소박한 의식을 만들어 내기도 했다. 그들은 자정이 넘은 시각에 주방에서 만나 각자의 약을 먹고 쿠키를 나눠 먹곤했다. 조안과 소니의 딸 리사는 주방 식탁에 앉아서 사랑에 빠진 십 대들처럼 수다를 떨며 웃고 있는 부모님을 자주 마주치곤했다. 그들은 안락의자에 나란히 앉아 손을 잡고 잠을 잤다. 나중에 둘 다 침대에 몸져눕게 됐을 때에는, 간호사인 딸 리사가 집에서 사용하기 위해 주문한 병원용 침대 난간 너머로 팔을 뻗어 손을 잡고 잠이 들었다.

소니는 병세가 크게 악화된 상황에서도 자신을 괴롭히는 암이나 류머티즘성 관절염으로 인한 통증에 대해 불평한 적이 없었다. 그는 오로지 아내 조안만을 걱정했다. 그의 고통이 너무 극심해져서 치료를 중단해야 했을 때, 그의 유일한 바람은 조안보다 먼저 세상을 떠나는 것이었다. 조안이 없는 삶은 상상할 수 없었기 때문이다.

결국 소니는 집에서 호스피스 중환자실로 옮겨야 할 정도로 심한 증상에 시달렸다. 두 사람은 쇠약해지고 있었지만 서로에게 의지했고, 떨어져서는 서로가 버티기 힘들었기 때문에 조안도 소니와 함께 입원 병동으로 이송됐다. 우리는 호스피스의 기존 지침을 어기고 그 두 사람을 나란히 붙어 있는 침대가 구비된 방에 함께 머물도록 했다. 조안과 소니는 계속 손을 잡고 있을 수 있었다.

조안과 소니에게 결혼기념일은 신성한 의식과도 같았다. 소니가 호스피스 병동에 입원했을 때는 결혼기념일을 며칠 앞둔 시점이었다. 조안은 마지막 기념일에 소니와 함께하지 못하게 될까 봐 전전긍긍했다. 조안은 마지막으로 그날을 꼭 기념하고 싶었고, 여느 때와 마찬가지로 소니는 그녀의 소원을 들어 줬다. 2016년 6월 3일, 친구들과 가족들이 그들의 결혼기념일을 축하하기 위해 호스피스에 모였다. 호스피스 직원들도 그 자리에 함께했다.

기념행사가 끝난 후, 조안은 남편과 단둘이 있게 해 달라고 부탁했다. 나중에 딸 리사가 병실에 다시 들어갔을 때, 조안은 울고 있었다. 조안은 소니에게 "이제 가도 괜찮아요."라는 말을 하고 말았다고 리사에게 털어놓았다.

만 하루가 채 지나지 않아 소니는 평화롭게 생을 마감했다. 아내 조안을 존경하고 사랑하고 아끼겠다고 맹세한 지 57년째 되는 날을 축하한 바로 그 다음 날이었다.

소니가 세상을 떠난 후, 조안의 건강은 급격히 악화되기 시작했다. 이후 그녀가 겪은 임종 전 경험은 그녀뿐 아니라 남은 가족들이 사별이 남긴 깊은 상처를 다스리는 데 도움이 됐다. 조안이 호스피스 병동에서 퇴원해 집으로 돌아가 꾼 꿈속에서 소니는 여전히 살아있었다. 딸 리사와 그녀의 가족들은 한밤에 조안이 소니를 부르는 소리를 자주 들을 수 있었다.

"날 데리러 와 줘요. 보고 싶어요! 소니, 날 데려가 줘요!"

리사는 그 소리에 잠에서 깰 수밖에 없었고, 의식이 아주 또렷한 조안은 방에서 소니를 봤다는 말을 자주 했다.

조안과 소니의 이야기는 임종몽과 임종시가 서로를 만나는 현장을 제공하는, 독특함과 강렬함을 보여 주는 사례라 할 수 있다. 조안은 소니를 떠나보내고 두 달을 더 살았지만, 그 두 달 동안 소니 없이 살았던 날은 단 하루도 없었다. 조안은 매일 밤 소니에게 큰 소리로 말했고, 매일 그의 환영을 보곤 했다.

사랑은 또다른
사랑으로 돌아온다

사랑은 두 사람 사이에서 처음 생길지 모르지만, 결코 그 자리에만 머무르지 않는다. 사랑은 다른 삶과 다른 세대로 흘러 들어가 계속 전달되며 멈추지 않는다. 사랑은 현재의 우리가 존재할 수 있게 한 관심, 애정 어린 몸짓과 말, 배려의 말을 나누며 함께해 온 수없이 많은 날을 통해 성장한다.

수잔이 엄마 베벌리를 안쓰러워하는 사랑은 그녀가 받은 사랑이 다시 제자리를 찾아 돌아간 것이나 다름없었다. 여든아홉 살인 베벌리는 말기 진단을 받은 이후로 딸인 수잔의 집에서 호스피스 돌봄 서비스를 받기 시작했고, 그 모녀가 마지막 몇 달을 함께하며 나눴던 친밀감은 베벌리와 빌이 만들어 낸 사랑 이야기의 가장 큰 유산 중 하나였다. 사랑이 넘치는 그 모녀 관계는 생물학적 관계에 기반한 것이 아니었기 때문에 더욱 의미가 깊었다.

젊은 시절 베벌리와 빌 부부는 자신들이 아이를 가질 수 없다는 사실을 알게 되면서 입양을 하기로 결정했다. 베벌리와 빌은 당시 자신들이 거주하던 지역인 클리블랜드에 있는 가톨릭 자선단체가 운영하는 고아원에 찾아갔다. 형언할 수 없는 기대와 기쁨으로 가득 차 있었지만, 입양할 아이를 어떻게 결정하면 좋을지 고민이 되기도 했다. 인간의 본성이 그렇듯, 아이를 고대하던 부모는 눈에 생기가 돌고 빛이 나며 볼은 발그레하니 통통하고 건강한 활동적인 아이에게 마음이 갔다. 그 부부는 입양 자격 심사를 받아 승인을 받았고 몇 주 후 통통한 얼굴로 방긋 웃는 남자 아이, 수잔의 오빠로 자라게 될 스콧과 함께 고아원을 나서 집으로 돌아왔다.

베벌리는 그토록 바라던 아이를 키울 기대에 부풀어 있었지만, 시간이 지나면서 그녀가 고아원에서 관심조차 주지 않았던 아프고 버려진 아이들의 눈이 뇌리에서 떠나지 않았다. 그녀는 아이의 특징을 보고 선택해 입양했다는 사실에 죄책감을 느꼈다. 스콧이 세 살이 됐을 때, 두 사람은 전과 다른 마음가짐으로 다시 그 고아원에 갔다. 그들은 고아원에서 가장 몸이 아프고 사랑을 꼭 필요로 하는 아이를 입양하기로 마음먹었다. 그 아이가 바로 수잔이었다.

수잔은 강간 생존자인 열일곱 살의 소녀가 아무것도 먹지 않고 굶어 가면서 낙태를 시도하려다 낳은 아이였다. 그 결과 수잔은 여러 질병을 가진 조산아로 태어났고, 태어난 지 9개월도 채 되지 않아 두 차례의 복부 수술을 받아야 했다. 수잔은 여러 위탁 가정에 보내졌지만, 아무도 건강하지 않은 아이를 계속 데리고 있으려 하지 않았다.

수잔은 엄마가 들려준 입양 이야기를 지금까지 기억하고 있다. 베벌리는 남편 빌에게 "뒤쪽에 멍한 눈을 하고 있는 아이를 데리고 가요. 그녀에게 우리가 필요할 거예요."라고 말했다고 했다. 나는 베벌리의 경험담을 직접 들을 수 있었던 것을 영광으로 생각한다. 당시 베벌리는 말을 하다 말고 잠시 멈칫하더니 수잔을 가리키며 말했다.

"이젠 내가 수잔을 필요로 하죠."

나는 서로의 역할이 전도된 상황을 마치 세상에서 가장 자연스러운 일인 것처럼 인정하고 받아들이는 베벌리의 그 담담한 모습에 감동을 받았다.

베벌리는 병약했던 아이를 딸로 맞이해 보살폈고, 이제 그 딸의 애정 어린 보살핌을 받으며 죽음을 맞이하게 됐다. 베벌리의 사심 없는 선행은 삶의 끝자락에서 사랑과 보살핌으로 그녀에게 되돌아왔고, 그녀가 임종몽과 임종시를 온전히 경험하는 데 필요한 편안한 공간을 마련해 줬다.

말년에 아이처럼 변해가는 연로한 부모님을 돌보게 될 경우, 역할이 전도되는 상황이 발생하기도 한다. 그러한 상황에서 우리는 간병인으로서 부모님의 상태를 관찰하고 그들이 처한 상황에 맞춰 간호를 해야 한다. 베니의 딸 모린은 그 점을 누구보다 잘 이해하고 있었다. 베니가 아내를 떠나보내고 딸 모린의 집에서 살 때, 모린은 집 안의 가구를 아버지에게 친숙한 것으로 재배치하고 1940년 후반과 1950년대의 모습이 남긴 사신 액자를 잔뜩 걸어놓았다. 사진 대부분에는 먼저 떠난 베니의 아내 글로리아 모습이 담겨 있었다. 그녀가 자신의 첫 성찬식에서 웃고 있는 모습, 부부의 결혼식, 그들이 낳은 첫째 아이의 세례식, 주기적으로 다양한 포즈로 찍은 가족사진 등이 걸려 있었다.

그녀는 아버지가 질병에 시달리고 쇠약해지면서 인지 능력이 저하됐다는 사실을 알고 있었다. 베니가 새로운 추억과 새로운 경험을 쌓을 수 있는 날들은 이제 가고 없었다. 그에게 남은 게 있다면 수십 년 전의 기억과 그가 생생하게 느끼는 임종 전 경험뿐이었다. 베니는 그날 아침에 무엇을 먹었는지는 기억하지 못할지언정, 아내를 처음 만났을 때 그녀가 어떤 색 옷을 입고 있었는지는 기억하고 있었다. 그의 자의식도 갈수록 현재보다 과거를 더 친숙하게 느꼈다. 베니는 아주 오래된 기억만 소환할 수 있게 됐다. 모린이 옛날 사진과 가구로 아버지 주변을 채운 것은 바로 그런 이유에서였다. 모린은 일종의 타임캡슐처럼 그가 가장 친숙하게 느끼는 시대로 그를 데려다 놓았고, 그것들은 베니가 사라지지 않도록 붙잡고 있었다. 의사들은 베니가 길어야 6개월 정도를 살 수 있다고 했지만, 베니는 의사들이 말한 시간보다 3년을 더 살았다.

삶에서 가장 의미 있는 것은 우리가 사랑하는 존재들, 즉 엄마, 아빠, 자녀, 배우자, 반려동물과 함께하는 '소박한 일상'과 우리가 그들에게 받는 사랑과 관련된 것들이다. 그 사랑을 표현한 지가 80년 혹은 20년이 훌쩍 지났을지도 모르지만, 어머니가 우리에게 어떻게 인사를 하고, 아버지가 방과 후 우리를 어떻게 기다렸는지 우리는 좀처럼 기록하지 않는다. 임종 전 경험은 당연하게 생각했을지 모를 과거의 중요한 순간들이나 우리가 다른 계획을 세우느라 너무 바빠서 놓쳤던 일들을 재조명한다. 임종 전 경험은 유언이나 상실에 관한 이야기가 아닌, 더 강해진 자아나 결코 끊어지지 않는 친밀한 관계에 대한 이야기로 죽음을 재구성하게 해 준다. 조안, 베벌리, 패트리샤, 베니는 단순히 인생의 황혼기에 배우자를 먼저 떠나보내고 혼자가 된 사람들이 아니었다. 그들은 사랑, 충성심, 유대감으로 충만한 내면의 삶을 살아낸 사람들이었다. 임종몽은 그들이 신체적 한계를 뛰어넘어, 아무리 힘들어도 포기하지 않고 도전할 수 있도록 이끌어 주는 영원한 사랑이 머무는 곳으로 그들을 데려갔다.

7장

아이가 말하는 죽음

십 대 아이들의 마지막 꿈

아이의 믿음은 맑고 깨끗한 것.
신의 원칙처럼 온전하고
동트는 하늘처럼 광활한 것.
반짝반짝 생기 넘치는 눈빛에 서린
한 번도 의심해 본 적 없는 마음.

— 에밀리 디킨슨EMILY DICKINSON

열세 살의 천사

　열세 살인 제시카를 처음 만났을 때, 나는 죽음 앞둔 그 아이를 어떻게 도와야 할지 몰랐다. 솔직히 말해서, 그런 건 알고 싶지도 배우고 싶지도 않았다. 삶을 시작한 지 얼마 되지도 않아 그 끝을 맞이해야 한다니 정말 터무니없는 상황이었다. 게다가 난 고통에 시달리는 아이들을 보면 의사인 내 능력이 부족하다는 생각이 들어 늘 혼란스러웠다. 어린 두 딸을 둔 아빠가 되면서 그런 생각이 더 강하게 들었다.

　그래서 제시카를 만났을 때, 내가 그 아이를 맡을 적임자라는 생각이 들지 않았다. 제시카는 뼈에 생기는 악성 종양인 유잉 육종Ewing sarcoma이라는 희귀암을 앓고 있었다. 그 아이는 암 진단을 받은 지 3년이 된 상태였고, 내가 맡은 첫 번째 '소아 호스피스 환자'였다. 어떻게든 제시카라는 아이에 맞는 의사가 돼보겠다고 다짐하면서 병실로 들어섰을 때, 나는 곧바로 그 어떤 의학적 지식도 그 아이의 순수한 지혜에 필적할 수 없으리라는 걸 깨달았다.

나는 어려운 대화를 나누기 위한 준비를 하고 있었다. 그런데 거기에는 자기의 하루, 엄마, 반려동물, 꿈에 대해 이야기하고 싶어 하는 어린 소녀가 반짝이는 눈으로 나를 바라보고 있었다. 제시카는 얼마 남지 않은 삶을 슬퍼하거나, 자신이 갖지 못한 직업 이야기나 자녀 이야기와 같은 심각한 이야기를 하느라 머뭇대지 않았다. 제시카는 후회, 안타까움, 아쉽게 놓친 기회 등 보통 어른들의 의식에 짙은 그림자를 드리우는 그 어떤 생각도 가지고 있지 않았다. 제시카는 현재를 사느라 아주 바빴다. 고통스러운 증상과 치료 부작용을 겪고 있었지만, 아이 엄마의 눈에 비친 작은 소녀는 예전이나 지금이나 씩씩하고 다정했다.

제시카는 꿈속에서 본 천국 같은 세상에 매료돼 있었다. 그곳에서는 최근 세상을 떠난 반려견 섀도가 다시 건강해진 모습으로 돌아다니고 있었다. 제시카는 자신의 개인적 목표인 9학년이 되는 것에 관심이 많았고, 또래 아이들이 하는 것들을 하고 싶어 하는 평범한 아이였다. 제시카에게 죽음은 부수적인 문제일 뿐이었다.

아이들은 죽음을 제대로 이해할 만한 기준점을 거의 가지고 있지 않다. 불치병에 걸려 살아가는 삶을 흔히 전쟁에 비유하곤 하지만, 한 아이가 죽음을 경험하는 일을 두고 전쟁에 빗대어

7장

표현하는 것은 영 어색하기만 하다. 아이들은 죽음과 싸우지 않는다. 아이들은 매 순간을 마지막 순간이 아니라, 그 순간이 영원히 지속될 것처럼 산다. 아이들은 현재를 받아들이기 위해 굳이 애쓸 필요가 없다. 언제나 모든 것을 있는 그대로 받아들일 준비가 돼 있다.

암 진단을 받으면서 제시카와 엄마 크리스틴은 그 병의 예후나 생존율과 관련된 이야기는 따로 듣지 못했고 묻지도 않았다. 아무도 제시카에게 그 사실을 분명히 말해 주지 않았지만, 그 아이는 알고 있었다. 아이들은 죽음이 임박하면 직관적으로 알아차리는 능력을 가지고 있다. 어른들은 현실을 부정하는 데 익숙할지 모르지만, 아이들은 그렇지가 않다. 죽음을 앞둔 소아 환자 대부분이 그런 것처럼, 제시카는 어른들이 자기에게 들려준 것보다 더 많은 것을 이해하고 있었다. 제시카는 임종몽과 임종시를 통해 많은 것을 보고 알 수 있었다. 그 아이는 죽음이 임박했다는 사실과 사랑받고 있다는 사실을 동시에 일깨워 주는 생생한 꿈을 꾸고 있었다.

보통 다른 환자들과 마찬가지로 아이들이 겪는 임종 전 경험에도 사랑하는 사람들이 등장한다. 그러나 어른들과 달리 아이들은 이미 고인이 된 그 사람이 누구인지 잘 알아보지 못하는 경우가 많다. 그러다 보니 그들을 가장 잘 따르고 사랑했던 반려동물이 죽음 직전에 꾸는 꿈속에 다시 등장하는 경우가 많다.

제시카는 죽음이 임박하면서 꿈과 환시를 통해 반려견 섀도와 고인이 된 엄마의 친구 메리를 다시 볼 수 있었다.

동물을 짧은 생을 사는 존재로 바라보는 어른들과 달리 아이들은 반려동물을 평생의 동반자로 생각한다. 보통 아이가 태어나기 전부터 가족들이 반려동물을 기르기 때문에 아이들은 반려동물을 가족이자 자기 세계의 일부로 인식하는 경향이 있다. 즉 그들은 의식적으로나 무의식적으로 사람과 동물을 따로 구분해 인식하지 않는다. 흔히 아이들은 반려동물과의 관계를 통해 다른 사람과 관계를 맺는 방법이나 다른 사람을 보살피고 사랑하는 방법을 배우게 되고, 태어나 처음으로 죽음을 받아들이는 법을 배우기도 한다. 제시카가 반려견 섀도에 대해 설명하는 것을 들어 보면 그 아이가 자신의 반려견을 얼마나 가족처럼 사랑했는지 알 수 있다.

"우리는 아주 친했어요. 항상 제 엉덩이 위에 올라타려고 해서 싫을 때도 많았지만, 그래도 전 섀도를 사랑했어요."

섀도는 게으른 데다 사람에게 치대는 32kg의 검은색 래브라도 믹스견이었다.

소파에 다리를 꼬고 앉아 무릎에 손을 얹은 자세로 내 질문에 솔직하게 대답하던 차분하고 야무진 제시카의 모습이 내 기억 속에 뚜렷이 새겨져 있다.

"요즘에 꾸는 꿈들은 아주 기분 좋은 꿈들이에요."

제시카는 천진난만하게 스스럼없이 이야기하곤 했다.

제시카는 한 번도 그런 솔직한 표현 방식에서 벗어난 적이 없었다. 그 아이는 신중하고 사려 깊은 태도로 모든 질문에 또박또박 답했다.

"세상을 떠난 제 반려견 섀도도 꿈을 꿔요. 섀도는 아주 좋은 곳에 있어요. 여기저기 뛰어다니며 놀다가 멀리 가 버리면 다시는 볼 수 없어요. 섀도는 그런 식으로 작별 인사를 하는 것 같아요. 가끔씩 저를 보러 오는데, 괜찮다고 말해 주려고 오는 것 같아서 제가 안전한 곳에 있다는 기분이 들어요."

제시카는 섀도가 꿈에 다시 나타나는 것이 '사랑의 표현'이라는 것을 바로 알아차렸다. 섀도는 제시카를 데리러 온 것이 아니라 잘 있는지 살펴보기 위해 온 것이었고, 삶의 마지막 여정을 시작하는 데 필요한 사랑과 힘을 주기 위해 제시카를 다시 찾아오곤 했다. 내가 어렵게 생각했던 죽음에 대한 대화는 굳이 나눌 필요가 없었다. 실제로 제시카는 임종몽을 통해 자신이 찾고 있거나 필요로 하는 모든 답을 얻고 있었다.

나는 그 아이가 자신의 죽음에 대해 내가 상상했던 것보다 더 잘 이해하고 있다는 사실에 깜짝 놀랐다. 어른들은 슬픔으로 받아들이기 쉬운 죽음을 제시카는 기쁨, 색, 따뜻함, 안전함과 관련된 감각적 이미지로 재구성하고 있었다. 또 우리가 헤어짐이라고 인식하는 죽음을 그 아이는 섀도의 안내 속에서 이뤄지는 애정 어린 재회로 받아들였다. 꿈속에 섀도가 다시 나타나 죽음이 임박했다는 신호를 보냈지만, 미지의 세계에 대한 두려움이 느껴지지는 않았다. 오히려 제시카는 그런 꿈을 꾸면서 자신이 보호받을 수 있는 안전하고 친근한 곳으로 섀도와 함께 들어갈 수 있다는 믿음을 갖게 됐고 마음의 위안을 얻었다.

시간이 지나면서 얻은 교훈 하나가 있는데, 바로 말을 아껴야 한다는 것이었다. 나는 내가 설명하지도 않은 것들을 이미 이해하고 있는 제시카의 통찰력에 경외감을 느끼곤 했다.

제시카는 계속해서 엄마의 가장 친한 친구였던 메리에 대한 꿈을 꿨다. 메리는 제시카가 여덟 살 때 서른다섯 살의 나이로 세상을 떠났다.

"메리 이모는 백혈병으로 세상을 떠났어요. 전 메리 이모가 좋았어요. 정말 친절한 분이었어요. 엄마 방에 있는 이모를 본 적이 있어요. 계단을 올라가 제 방으로 가다가 엄마 방에서 커튼을 만지작거리는 메리 이모를 봤어요. 이모는 자기가 제일 좋아하는 셔츠를 입고 있었어요. 회색과 파란색이 섞인 체크무늬 플란넬 셔츠를 메리 이모가 입고 있었다고 엄마에게 말했더니, 이모가 가장 좋아하는 셔츠라고 알려 줬어요."

나는 죽은 사람이 걸어가는 모습을 보고도 태연하기만 했던 제시카에게 좀 놀랐다. 나는 그곳에 엄마도 함께 있었는지 물었다.

"네, 엄마도 있었어요. 그런데 메리 이모는 절 쳐다보지 않았어요. 이모를 부르면 이모가 절 쳐다볼 것 같기는 했지만, 괜히 엄마를 놀라게 하고 싶지는 않았어요."

싱글 맘의 외동딸이었던 제시카는 일단 죽음에 대한 걱정이
해결되자 마지막으로 궁금한 게 하나 있었다. "엄마 없이 전 뭘
해야 하죠?" 엄마 방에 있는 엄마의 가장 친한 친구, 즉 엄마를
대신해 줄 사람이 보이는 환시를 통해 제시카는 그 순간 엄청난
기쁨과 안도감을 느꼈다.

처음에 제시카는 메리가 보인다는 이야기를 엄마에게 할 수
없었다. 엄마를 불안하게 하거나 놀라게 할까 봐 걱정됐기 때문
이다. 이런 놀라운 이타심은 죽음을 앞둔 아이들 사이에서 흔히
발견되는 모습이다. 나는 자신이 세상을 떠난 뒤 남겨질 사람들
을 걱정하고 배려하는 아이들의 모습을 자주 봤다.

제시카가 꾼 꿈은 2막으로 이뤄져 있었다. 1막에서는 제시카
의 반려견이었던 섀도가 다시 찾아와 제시카가 혼자가 아니라
는 메시지를 전해 줬다. 그러던 중 죽음이 임박했음을 느낀 제
시카는 새로운 걱정을 하게 됐다. 제시카는 엄마 없이 살아가야
하는 상황을 두려워했다. 그 두려움은 제시카가 말로는 정확히
표현할 수 없었던 뿌리 깊은 불안의 근원이었지만, 메리에 대한
꿈을 꾸면서 이 문제 역시 해결됐다.

보통 우리 어른들은 인생의 마지막을 받아들이는 것이 죽음
을 받아들이는 것이라고 상정한다. 그렇기 때문에 사람들은 내
가 완화 의료 의사로서 하는 일이 말기 환자들을 그 지점으로

안내하고, 죽음에 대해 잘 받아들일 수 있도록 돕는 것이라고 생각한다. 그러나 꼭 그런 것만은 아니다. 죽음에 대한 이해는 호스피스 완화 의료를 논하는 데 있어 그 끝이 아니다. 오히려 그 시작이라 할 수 있다. 우리는 "기분이 어떠세요?", "괜찮겠어요?", "편안한가요?"와 같은 질문을 한다. 단지 그 질문에 대한 답이 중요해서가 아니라 그 과정이 중요하기 때문이다. 그리고 임종 전 경험은 그 과정에서 매우 큰 역할을 한다. 임종 전 경험은 임종 과정의 결말이나 목표가 아니라, 임종 과정에서 우리가 사용하는 도구다.

내가 제시카를 만나기 전까지는 아이들이 임종 과정에서 그들만의 도구, 즉 임종 전 경험을 접하게 되리라고는 상상조차 하지 못했다. 나는 어린아이들은 죽음에 대한 대화를 나누기에 적합한 대상이 아니라고 상정했고, 그 어려운 대화를 가능하게 할 만한 세련된 방식들을 잘 알지 못했다. 제시카는 내가 상상했던 것 이상으로 죽음에 대한 이해가 깊었다. 그 소녀는 자신의 경험을 연결 짓고, 추상화하고, 내가 내리지 못한 결론까지 내렸다. 그에 대해 어떤 말로도 논평할 필요가 없었다. 나는 그냥 듣기만 하면 됐다.

제시카의 임종 전 경험은 엄마 크리스틴이 받아들이지 못했던 딸의 임종 과정, 즉 딸을 놓아주는 과정의 첫걸음을 비로소 내딛을 수 있게 해 줬다. 딸을 떠나보낸 지 6년이 지난 지금도 크리스틴은 제시카의 존재를 느끼고 있다. 크리스틴은 연말이 되면 여전히 딸 제시카가 꾸몄던 방식으로 집을 장식한다. 그녀는 딸이 기르던 응석받이 고양이 룰루를 지금까지 보살핀다. 룰루는 예전에 제시카가 우스꽝스러운 장신구를 붙여 놓은 목걸이를 계속 차고 있다. 크리스틴은 제시카가 충격적인 암 진단을 받았던 그날에 어떤 옷을 입고 있었는지 기억하고 있다. 그리고 그녀는 암 진단을 받고 2년 6개월 4일 동안 딸과 함께하며 쌓은 소중한 추억들을 여전히 떠올리며 웃음 짓는다. 크리스틴은 딸이 남겨 둔 유산을 정리하지 않았다. 오히려 자신에게 힘과 용기를 주는 딸에 대한 추억들을 안고 앞으로 나아갔다.

몇 년 후, 특별하기 그지없던 어린 소녀 제시카를 추억하기 위해 크리스틴을 만났을 때, 그녀는 어린 딸이 세상을 떠난 직후 어떻게 자신이 그렇게 딸에 대한 기억을 태연하게 이야기할 수 있는지 모르겠다며 의아해했다.

"세상에 어떤 엄마가 그렇게 담담하게 이야기할까요?"

크리스틴이 궁금하다는 듯이 큰 소리로 말했다.

"제시카 엄마요."

나는 주저하지 않고 답했다. 아이는 종종 부모를 생각지도 못한 모습으로 바꿔 놓곤 한다.

두 번의 암을 겪은
아이

지니를 처음 만났을 때, 그녀는 실제 나이보다 훨씬 어려 보였다. 성장 장애는 10년 전에 지니가 백혈병을 치료하기 위해 받았던 전뇌 방사선 치료의 부작용 중 하나에 불과했다. 의도치 않은 또 다른 부작용은 바로 뇌종양이었다. 처음에 의사는 진행이 더디고 심각하지 않은 암이라고 오진했다. 뇌종양 판정을 받았을 때 지니는 열네 살이었고, 가족들은 지니의 백혈병 완치 10주년을 기념하기 위한 준비에 한창이었다.

힘든 일이 생겨도 늘 씩씩하게 살아온 지니의 엄마 미셸은 딸의 두 번째 암에 맞서 장기전을 펼칠 마음의 준비를 했다. 몇 달 지나지 않아 미셸은 지니가 예상보다 더 빨리 쇠약해지고 있다고 느꼈고, 딸에게 무슨 일이 일어나고 있는지 제대로 파악조차 할 수 없었다. 미셸은 지니의 질환이 악화되고 있는 이유가 앓고 있는 병 때문인지 치료법 때문인지 알 수 없었고, 어떤 증상이 영구적이고 또 어떤 증상이 일시적인지 분간하기가 어려웠다. 미셸은 지도도 없이 급작스럽게 떠난 여행에서 길을 잃은 것 같았고, 가장 기본적인 정보조차 제대로 알려 주지 않는 현대 의학의 소용돌이 속에서 혼란과 슬픔을 느꼈다.

결국 미셸은 쇠약해진 딸을 병원으로 데리고 가 "내 아이에게 무슨 일이 벌어지고 있는지 제대로 설명해 주지 않으면 여길 떠나지 않을 거예요."라며 으름장을 놓았다. 미셸은 불확실한 상황으로 인해 고통에 시달리는 수많은 부모 중 한 사람이었다. 많은 부모가 간섭하고 싶어서가 아니라 답을 얻기 위해 죽어 가는 자기 아이를 응급실로 데려가곤 했다. 부모들이 두려워하는 것은 진실이 아니다. 그들은 방향을 잃고 어떻게 해야 할지 모를 때 견딜 수 없는 혼란을 느낀다.

미셸이 지니를 데리고 병원을 찾아간 그 운명의 날, 당직 의사는 아이를 대신해 질문할 권리를 주장하는 그녀의 행동을 몹시 불쾌해 했다. 모든 진단 결과가 미심쩍었던 미셸은 의료진을 강하게 압박했고, 잔뜩 화가 난 의사는 그녀가 간절히 원하고 또 받아 마땅한 따뜻한 대화 대신 진단서 세 장을 그녀에게 내던졌다. 미셸은 그 진단서를 집어 들어 의학 전문 용어를 더듬거리며 읽어 나갔다. 그리고 어떤 부모도 홀로 마주해서는 안 될 충격적인 진실을 직접 확인했다. 지니는 의사들이 처음 진단했던 것과는 다른 유형의 뇌종양, 즉 불치병으로 알려진 신경교아종glioblastoma이라는 뇌종양을 앓고 있었다. 신경교아종이라는 두 번째 진단은 삶을 완전히 뒤바꿔 놓을 수 있는 결과였다. 병명 따위는 아무래도 상관없었다. 미셸은 딸이 치료 가능한 질환을 앓고 있다고 믿고 최선을 다해 왔는데, 결국 자신이 마주한 진실은 딸이 불치병을 앓고 있다는 것이었다.

오늘날 의료 서비스는 인간적인 이야기와는 거리가 먼 분업 방식으로 이뤄진다. 신체 장기는 한 기관씩 따로따로 치료를 받고, 보통 환자의 인격은 그에 합당한 존중을 받지 못한다. 최고의 의료 체계에서도 부모들이 죽음을 앞둔 아이에게 무슨 일이 일어나고 있는지, 어떻게 하면 아이가 마지막 순간을 편안하게 보낼 수 있는지, 혹은 마지막 순간이라는 것을 어떻게 인지할 수 있는지 등을 이해하는 데 충분한 도움을 받지 못하는 경우가 자주 발생한다.

지니가 서로 다른 두 가지 진단, 즉 희망을 품을 수 있었던 첫 번째 진단 후 청천벽력 같은 두 번째 진단을 받는 동안 그녀는 여러 번의 뇌수술을 받았다. 잦은 뇌수술은 왼쪽 전신이 완전히 마비되는 등 신경 기능 손실로 이어졌다. 또 수술 후 감염이 발생하면서 그녀의 두개골이 거부 반응을 일으켜 제대로 유합되지 않는 문제가 생기기도 했다. 면역 체계가 무너진 상태였기 때문에 항생제를 수차례 투여했음에도 불구하고 두피에 전이되는 감염을 막지 못했다.

병을 앓으면서 이렇게 고된 증상에 시달린 지니, 즉 진료 기록부를 통해 알게 된 지니와 내가 직접 만나 알게 된 지니는 달랐다. 지니는 합병증, 풀이 죽은 얼굴, 감염으로 인한 머리 상처를 가지고 있었음에도 불구하고 동심을 잃지 않는 어린 소녀였다. 미셸에 따르면, 지니는 전뇌 방사선 치료의 또 다른 부작용으로 인지 능력이 손상됐음에도 배우고자 하는 의지가 아주 강한 아이였다. 지니는 여느 십 대 아이들과 마찬가지로 그 시대의 인기 있는 노래, 아티스트, 십 대 아이돌 그룹, 연예 뉴스를 놓치지 않고 섭렵했다. 화려한 색상의 반다나를 머리에 둘러쓰고 부어오른 상처를 자신만의 패션 감각으로 커버할 줄 아는 아이였다. 지니의 건강 상태를 확인하면서 혹시 내가 더 알아야 할 사항이 있느냐고 물었을 때, 지니는 가장 밝은 얼굴로 활짝 웃으며 아무렇지 않게 답했다.

"네, 제가 아름답다는 사실이요."

지니는 밤에 잠에서 깨어났을 때, 자기 주변을 휙 지나가는 그림자가 가끔 보인다고 했다. 그림자에 놀라곤 했지만, 특별한 꿈을 꾼 뒤로는 그 그림자가 편안하게 느껴지기 시작했다고 설명했다. 그러한 변화는 MRI 촬영 도중 기계 안에서 잠이 들면서 최근 세상을 떠난 이모, 미미를 만나면서 일어났다. 지니는 꿈속에서 성 안에 있는 미미 이모를 봤다. 미미 이모는 한 아기와 함께 창가에 서 있었고, 창문 밖으로는 태양이 보였다. 안전과 완벽한 보호를 암시하는 건축물에는 따뜻함과 환한 빛이 서려 있었다. 지니는 미미 이모가 자기를 껴안고 귓속말로 "다시 내려가서 싸워야 해."라고 속삭이는 소리를 들을 수 있었다.

지니는 암에 걸리기 전에는 수영하기를 좋아했고, 꿈속에서 본 그녀의 성에도 수영장이 있었다. 그 성에는 지니가 건강했을 때 즐겼던 활동들을 할 수 있는 여러 시설이 마련돼 있었다. 지니는 또 꿈속에서 자신이 알고 사랑하고 떠나보냈던 동물들로 가득한 동물원을 볼 수 있었다. 개, 고양이, 새들이 차례로 나타나 건강한 모습으로 부활했다. MRI 촬영이 끝나고 잠에서 깼을 때 지니는 거의 희열에 들떠 있는 모습으로 엄마 미셸에게 다짜고짜 "난 괜찮을 거야. 혼자가 아니니까."라고 말했다.

지니도 제시카와 마찬가지로 자신이 살아 있는 사람들이 사는 현실을 떠나게 되리라는 것을 이미 알고 있었다. 지니의 꿈은 그 아이에게 많은 것을 말해 줬다. 병이 진행되면서 지니는 더 많은 꿈을 꿨고, 세상을 떠난 동물들과 반려동물들이 '그 성' 안에서 건강한 모습으로 자유를 만끽하는 모습도 더 자주 보였다.

지니는 자신의 죽음이 임박했을 시기에 거의 15분마다 엄마를 불렀다. 어느 날 미셸이 딸 방에 있다가 다시 주방에 돌아갔을 때였다. 갑자기 지니가 활기찬 대화를 나누는 소리가 들려왔다. 주방에는 딸 방에 설치된 카메라를 통해 딸을 지켜볼 수 있는 베이비 모니터 장비가 설치돼 있었다. 미셸은 다시 딸 방으로 가 방금 전에 누구와 이야기를 나누고 있었는지 물었다.

"하나님이랑 얘기하고 있었어."

지니가 답했다.

"하나님은 나이가 드셨지만 좀 귀엽기도 해."

놀랍게도 지니는 종교 없이 자랐고, 교회에 나간 적도 없었다. 이어 지니는 엄마를 안심시키려는 듯이 말했다.

"난 이제 안 아플 거야. 내가 어디로 갈 건지 엄마도 잘 알잖아. 그 성으로 갈 거라는 거."

지니는 그 이후로 미셸을 더 이상 반복적으로 부르지 않았다. 지니의 마음을 편안하게 해 주는 위안의 원천은 한때는 자세히 설명해야 했지만 이제 더 이상 그럴 필요가 없는 충만한 내면세계에 자리하고 있었다. 그다음 날, 내가 지니를 만났을 때 그 아이는 말이 별로 없었고 편안해 보였다. 지니는 나흘 뒤 세상을 떠났다.

시리아 소녀의
마지막 인사

산드라의 부모는 13년 전 미국에 난민 지위 신청을 한 시리아인이었다. 기다리고 기다리던 새 보금자리에 도착한 지 6개월도 채 되지 않아 어린 외동딸인 산드라는 몸 전체에 전이된 골수암으로 호스피스 병동으로 옮겨졌다. 산드라의 부모 머린과 한나는 미국으로의 이주가 어린 딸을 살리는 데 도움이 되기를 바랐다. 신앙심이 깊은 그들은 세계에서 의학이 가장 발달한 의료 선진국으로 때마침 이주해 온 것이 자신들의 기도에 대한 응답이라고 여겼다.

산드라는 수그러들 줄 모르는 통증 관리를 받기 위해 로스웰 파크 종합 암 센터Roswell Park Comprehensive Cancer Center에서 호스피스 버펄로로 옮기게 됐다. 산드라의 기저 질환뿐 아니라 신체적 통증이 갑자기 악화됐고, 그 고통의 정도가 너무 심해 재택 간호는 적절하지 않은 상황이었다. 산드라는 호스피스 버펄로에서 안정을 되찾을 수 있기를 간절히 바랐고, 계속해서 "진통제를 좀 더 놓아 주세요."라고 부탁했다. 나는 산드라의 병이 상당히 진행됐다는 점과 호스피스 버펄로에 오기 전까지 통증 관리가 제대로 이뤄지지 않았다는 사실에 놀랐다. 불행히도 이런 당황스러운 상황은 말기 환자들을 돌보면서 꽤 자주 접하는 일이었다. 특히 약물치료를 꺼리는 어린아이들에게서 그런 경우를 더 자주 발견한다.

극심한 통증을 겪는 다른 환자들과 마찬가지로 산드라는 자신의 통증에 정신적 충격을 받아 외상 후 스트레스 장애PTSD와 비슷한 증상을 보였다. 통증에 대한 심한 불안감에 시달리던 산드라는 조금만 움직여도 통증이 느껴질 거라고 생각했다. 산드라는 가족이 자리를 비운 틈을 타 진정제를 최대한 많이 투여해 달라고 부탁했다. 산드라는 고통스러워하는 모습을 부모님에게는 보여주고 싶지 않다면서 "잠만 잘 수 있게 약 좀 주세요."라고 말했다. 산드라는 투병생활에 지쳐 있었고 다른 사람들에게 자신이 고통스러워하는 모습을 보이느니 차라리 잠을 자는 게 더 낫다고 생각했다.

우리는 산드라의 통증을 관리하기 위한 계획을 세웠다, 투약한 약이 효과를 발휘하면서 산드라는 편안함을 느꼈다. 산드라는 진정제를 놓아 잠들게 해 달라는 부탁 대신 이제 호스피스 버펄로에 계속 머물게 해 달라는 부탁을 했다.

"저는 집에 가고 싶지 않아요."

산드라가 얼마나 극심한 통증에 시달려 왔는지를 생각하면, 그 아이가 편안함을 느낄 수 있는 곳에서 머물고 싶어 하는 것은 당연했다. 산드라에게 집은 통증이 발생해도 적절한 대처를 할 수 없는 곳, 자신이 사랑할 수 있는 것보다 상처가 더 많은 곳이었다.

산드라는 부모님과 달리 영어를 자유자재로 구사했다. 산드라와 대화를 나누면서 나는 처음으로 그 아이의 속마음을 알게 됐다. 산드라의 부모는 진실을 감추기 위해 최선을 다하고 있었다. 그들은 독실한 가톨릭 신자였지만, 병원에 소속된 채플린이 산드라의 병실을 찾는 것조차 달가워하지 않았다. 채플린이 무심코 꺼낸 말로 딸이 진실을 알게 될까 봐 걱정했다. 그들은 명랑한 딸이 계속해서 치료법, 치료 가능성, 기적을 믿기를 원했다. 산드라가 비극적인 운명 앞에 체념하는 모습을 지켜보는 것은 그 아이를 두 번 잃는 것이나 다름없었다. 딸이 한 번도 살아 본 적 없는 더 나은 삶을 안겨 주기 위해 모든 것을 바친 부모에게 그것은 너무 가혹한 일이었다.

산드라는 통증이 줄어들자 예전에 친구들이나 친지들이 알던 근심 걱정이 없던 어린 소녀로 다시 돌아온 듯했다. 산드라의 생기 넘치고 천진난만한 그 모습은 워낙에 강렬해서 산드라가 통증에 시달릴 때는 세상마저 어두워 보일 정도였다. 산드라는 암 병동에 입원해서는 자기가 알고 있는 아랍 춤 동작을 간호사들에게 가르쳐 주던 아이였다. 그 아이는 장애가 있는 자기 팔에 아랑곳하지 않았고, 머리카락이 모두 빠져 머리에 반다나를 두른 자신의 창백한 모습에도 아랑곳하지 않았다. 자신의 집에서는 물론 벤치에서, 복도에서, 사람들이 가득한 곳에서 춤을 췄다.

제시카나 지니와 마찬가지로 산드라도 반복적인 꿈을 통해 어른들이 숨기려고 했던 진실을 스스로 깨달았다. 산드라는 산기슭을 오르고 있는데 밑에서 사람들이 자기를 잡아당기며 위에 있는 천사를 만나지 못하게 하려는 꿈을 반복해 꿨다. 산꼭대기에는 십자가가 있었고, 산드라는 그 십자가가 있는 산 정상에 다다르자 모든 고통이 사라짐을 느꼈다. 산드라는 꿈에 계속 보이는 이 장면을 많은 사람에게 이야기했다. 그 장면이 너무나 생생해서 산드라는 그 꿈에 대해 이야기를 할 때마다 허둥대곤 했다. 산드라는 엄청난 고통과 함께 세상에 묶여 있었고, 그 속박에서 벗어나는 꿈은 고통 없는 삶을 다시 살 수 있다는 징조처럼 느껴졌다. 산드라는 임종 전 경험을 통해 속박에서 자유로워질 수 있었고, 근심과 걱정을 내려놓을 수 있었으며, 의심과 신체적 고통에서 해방될 수 있었다.

산드라는 신앙심이 깊이 뿌리 내린 문화에서 자랐다. 그러한 맥락에서 보면, 그 아이의 임종몽과 임종시가 종교를 상징하는 내용과 관련이 있다는 점도 이해하기가 쉽다. 그러나 그 꿈의 결말은 그 내용에 상관없이 제시카와 지니가 꾼 꿈의 결말과 별반 다르지 않았다. 산드라의 꿈 역시 약속, 건강, 따뜻함에 관한 이야기였고, '하나님의 뜻'을 기꺼이 받아들이는 삶을 긍정하는 이야기였다.

산드라가 꾼 꿈의 내용은 병상을 지키는 사람이라면 누구나 그 의미를 이해할 수 있는 이야기였다. 산드라 부모의 친구인 토니는 산드라의 꿈 이야기를 듣자마자 산드라의 부모가 무슨 수를 써서라도 피하고만 싶어 하는 죽음을 떠올렸다. 토니는 산드라의 죽음이 임박했음을 확신했고, 딸의 죽음은 상상조차 하지 못하는 부모를 대신해 장례식을 치를 준비를 시작했다.

산드라는 가족들 모르게 죽기 일주일 전부터 페이스북을 통해 계속 삭별 인사를 전했다. 그 아이는 시리아 친구들에게 이 글이 '당분간' 자신의 마지막 게시물이 될 것이라고 알렸다. 산드라가 아랍어로 남긴 글은 번역 기능을 통해 읽어도 그 의미가 퇴색되지 않는 애잔한 비가나 다름없었다.

"인생을 논하기엔 아직 내가 너무 어리다는 걸 알아. 하지만 투병생활을 하면서 꽤 많이 성숙해진 것 같기도 해. 고통스럽고 불행하더라도 기쁨을 나누기 위해 최선을 다해야 한다는 걸 알게 됐어. 너무 많은 생각을 하거나, 계획을 세우려 하거나, 나중을 위해 살지 마. 하루하루를 살면 돼. 현재를 즐기는 삶을 살아. 지금 이 순간들은 다시 돌아오지 않을 거고, 결국 모든 게 하나님의 뜻대로 될 테니까."

산드라는 우리 대부분이 제대로 하지 못하는 일을 해냈다. 산드라는 이별을 고했다. 그것도 자신만의 방식으로, 자신만의 언어로, 자기 시대를 대표하는 매체를 통해 작별 인사를 전했다. 그렇게 하면서 산드라는 짧은 생애와 투병생활을 통해 배우고 쌓아 온 지혜, 즉 믿음의 중요성, 살아 있는 모든 순간에 감사하기, 기쁨을 함께 나누기 등 자신이 그동안 경험하고 배운 점들을 친구들과 함께 나눴다.

어린 시절의 죽음은 결코 일어나지 않을 일인 것만 같고, 그렇기 때문에 언제나 비극일 수밖에 없다. 그러나 죽음을 앞둔 아이들은 어른들의 전유물인 의심과 후회 없이 앞으로 나아간다. '죽음을 앞둔 아이'라는 그 발상 자체가 워낙 우리에게 낯설기 때문에 죽음을 그렇게 담담하게 받아들이는 아이들의 모습을 볼 때면 그저 놀랍기만 하다. 그러나 어른들의 임종 전 경험이 품위 있고 평화로운 죽음을 맞이하기 위해 필요한 사건, 사람, 반려동물에 대한 이야기로 가득한 것처럼 아이들의 임종 과정도 그와 다르지 않다. 우리의 이 허무한 마음은, 현실에서 찾지 못한 평화를 결국 꿈속에서 발견해 낸 세 어린 소녀에 대한 경외심으로 달래는 것이 최선일 것이다.

8장

서로 다름에 관하여

지각 장애를 가진 이들의 임종몽

옳고 그름 그 너머에 들판이 있다.
나 그곳에서 그대를 만나리.

— 루미RUMI

조금 다른 사람들

이 책에는 어린아이부터 부모, 배우자, 형제자매, 경찰, 범죄자, 잊힌 사람, 외로운 사람에 이르기까지 아주 다양한 사람의 목소리가 담겨 있다. 저마다 다른 삶의 경험을 가지고 있음에도 불구하고, 삶의 마지막 순간에 서서히 스러져 가는 육체만이 존재하는 것은 아니라는 이야기를 자기만의 방식으로 들려준다. 그들은 우리가 삶의 마지막 순간에 능동적이고 긍정적인 내적 변화를 겪게 되고, 그 과정은 죽음을 앞둔 이에게 정신적으로나 영적으로 엄청난 도움을 준다고 말한다. 그렇다면 정신적으로 일반 사람들과 다른 양상을 보이는 사람들, 즉 인지 장애나 지각 장애를 가진 사람들, 정신 질환을 앓거나 '신경학적으로 비전형적'인 사람들은 어떨까?

임종 전 경험과 그 경험을 통해 얻는 충만감과 성취감은 우리 인간의 본성을 나타내는 인간적 측면 중 하나지만, 인지 장애나 발달 장애를 가진 사람들은 그러한 경험이나 기회조차 제대로 보장받지 못하는 경우가 많다. 경미한 정신적 장애이든, 중증 치매이든 상황은 마찬가지다.

아직은 우리를
보면 안 돼

매기는 어린 시절에 뇌성 마비 진단을 받았다. 뇌성 마비는 태아기나 영아기에 발생한 뇌 손상으로 인해 나타나는 신경학적 장애다. 뇌성 마비는 완치될 수는 없지만, 보통 나이가 들면서 그 증상이 더 악화되지는 않는다. 매기는 자신이 다르다는 것에 대한 이해와 자신이 사랑받으며 살아왔다는 확신을 바탕으로 충만한 삶을 살았다. 언어 장애나 학습 장애는 매기가 살아오는 데 있어서 전혀 문제가 되지 않았다. 매기는 일흔다섯 살에 유방암 화학 요법 치료를 중단하기로 결정한 후 우리 호스피스 병동에 입원했다. 그녀와 50년을 함께해 온 남편은 아내의 그런 결정을 못마땅해 했다. 그는 매기가 암과 계속 싸우기를 원했고, 매기는 항암 치료로 인한 합병증이 없는 삶을 지속하고 싶었다.

매기는 죽음을 코앞에 두고도 치아가 다 빠진 얼굴로 웃음을 잃지 않는, 장난기 많고 너그럽고 유쾌한 사람이었다. 신비롭고 경이로운 사람이었다. 삶에서 주고받은 사랑을 진정한 성공의 척도로 삼았을 때, 매기는 성공한 인생을 산 사람이었고, 그녀 자신도 그것을 알고 있었다.

매기는 꿈속에서 자신의 어린 시절 추억 중 가장 행복했던 한 순간을 다시 경험하게 됐다. 그날은 바로 8학년 때 자기 반 친구들이 자신에게 교실 창문으로 와 보라며 손짓을 하던 날이 었다. 창밖을 보니 멀리서 매기의 할아버지가 아코디언을 연주 하며 많은 사람들을 즐겁게 해 주는 모습이 보였다. 사람들은 박수를 치며 춤을 추었고, 계속해서 더 많은 사람이 그곳으로 모여들었다. 한 번도 상을 타 본 적이 없던 어린 소녀 매기에게 그 순간은 삶에서 최고의 승리를 거머쥔 순간이나 다름없었다. 매기는 사방에 가득한 청중을 즐겁게 하는 다정하고 멋진 할아 버지의 손녀였다. 그 청중 중 일부는 매기의 반 친구들이었고, 그녀는 엄청난 자부심을 느꼈다. 이 장면은 매기의 꿈속에 가장 많이 반복해 등장한 장면이었고, 매번 그 장면은 그녀에게 기쁨 과 온전함을 다시 느낄 수 있게 해 줬다.

매기의 임종 전 경험에는 그녀가 가족과 공동체에 둘러싸여 살아온 모습뿐 아니라 수완 좋고 장난기 많았던 그녀의 성격도 반영돼 있었다. 성인이 돼 결혼을 한 매기는 동네에서 유명한 무무 할머니가 됐다. 무무 할머니는 매기가 소를 너무 좋아해 붙여진 별명이었다. 매기는 다른 때와 달리 그 무무 할머니라는 꼬리표만큼은 기꺼이 받아들였다. 매기의 딸 버니스는 동네 아

이들이 부부 할머니 매기만 보이면 그녀에게 달려들어 싸어안
으려 했다고 회상했다. 매기는 동네 아이들에게 줄 아이스캔디
를 항상 냉장고에 가득 채워 뒀고, 모든 아이에게 엄마 같은 존
재가 돼 주며 즐거워했다.

매기의 삶을 규정하는 유쾌함은 그녀가 들려준 다른 꿈의 유
머러스한 내용에서도 잘 드러난다. 매기는 방을 가로지르며 움
직이는 담요가 반복적으로 꿈에 보인다면서 그 상황을 설명했
다. 그녀는 움직이던 담요가 결국 찢어졌고, 알고 보니 그 담요
밑에 돌아가신 그녀의 부모님이 숨어 있었다고 했다. 매기는 이
꿈 이야기를 사람들에게 들려줄 때마다 그 상황이 아주 고소하
다는 듯이 즐거워했다. 그녀의 그런 반응은 꿈속에서 본 아버지
의 놀란 표정 때문이기도 했다. 매기의 아버지는 화들짝 놀란
얼굴로 집게손가락을 입에 갖다 대며 "아직은 우리를 보면 안
돼."라고 속삭이면서 '때가 되면' 다시 오겠다며 그녀를 안심시
키곤 했다. 매기는 자기가 본 환영이 정말 웃기다고 생각했다.
그 내용이 좀 엉뚱해 보이기는 했지만, 긍정적이고 차분한 매리
는 그 꿈에 별 영향을 받지 않았다. 매기는 인생을 시작했을 때
와 마찬가지로 인생을 마무리하는 과정에서도 사랑과 의미로
충만한, 편안한 상태를 유지하고 있었다.

매기의 돌아가신 부모님뿐 아니라 사랑하는 언니 베스도 그
녀가 세상을 떠나기 몇 주 전부터 그녀를 찾아왔다. 매기는 고

인이 된 언니 베스가 자신을 찾아온 꿈에 대해 이야기하면서 그 전까지 편안해 보이던 모습은 다 어디로 가고 감정이 북받치는 듯한 표정을 지었다. 그녀는 "침대에 누워 있는데 죽은 우리 언니가 절 찾아왔죠."라며 이야기를 시작했다. 꿈속 장면을 계속 묘사하면서 매기는 괴로워하는 것 같았고, 이야기를 이어 가면서도 계속 감정 섞인 숨을 내쉬었다. 내적 경험을 설명하는 다른 많은 사람들이 보통 그런 것처럼, 매기 역시 꿈속 세계와 현실 세계를 분명하게 구분하지 못하는 듯했다. 꿈속에서 매기는 언니에게 "내 곁에서 떠나지 마."라고 애원했고, 언니 베스는 "안 돼, 네 곁에 있을 수가 없어."라고 답했다. 매기는 언니와의 대화를 들려주면서 울먹이기 시작했고, 어떻게든 말을 이어 가려고 애썼다. 매기는 "언니, 나랑 같이 있을 거지? 나 외로워, 나랑 같이 있자."며 언니에게 다시 간절히 부탁하던 자신의 모습을 떠올렸다.

매기는 그 장면이 나오는 꿈을 계속 반복해 꾸면서 시공간을 초월한 듯한 기분이 들었다. 매기의 부모님이 따뜻한 말로 그녀를 안심시켜 준 것처럼 언니 베스도 "안 돼. 지금은 안 돼. 곧 함께하게 될 거야."라는 말로 그녀를 위로해 줬다. 그 꿈은 베스가 "지금은 가만히 누워서 쉬고 있어."라는 말로 죽음을 앞둔 자기 여동생을 달래면서 끝이 났다. 매기는 언니의 그 마지막 부탁을 곱씹으면서 다시 마음의 평정을 되찾았고, 흐르는 눈물을 멈출 수 있었다. 그녀는 더 이상 슬퍼하지 않았다.

기억은 잃어도
감정은 잃지 않는다

안타깝게도 매기보다 더 심각한 인지 장애를 앓는 많은 환자는 내적 자아와 외적 자아의 조화를 이루지 못한 채 임종을 맞게 된다. 대신에 그 환자들은 자신의 본래 모습, 즉 핵심적인 자아와 멀어진다. 보통 알츠하이머 치매Alzheimer's dementia라 불리는 인지 기능 상실은 그러한 증상을 가장 극단적으로 보여주는 질환이다. 알츠하이머 치매는 우리 자신, 혹은 신경학자인 올리버 색스가 말하는 '내면세계inner state'에서 우리를 무자비한 방식으로 분리시킨다. 다른 질환들과 달리 알츠하이머 치매는 인지 기능은 사라지지만 감정과 감각은 전혀 손상되지 않고 그대로 남아 있는 세계를 만들어 낸다.

보통 치매 환자들은 공식적인 조사 연구에서 제외된다. 연구를 수행하려면 환자의 동의가 필요하고, 환자의 동의를 얻으려면 그 환자가 정상적인 인지 능력을 가지고 있어야 하기 때문이다. 하지만 우리가 인간의 경험 전체를 제대로 조사하고 연구하려면, 치매 환자들도 연구에 참여할 수 있도록 해야 한다. 그리고 치매로 고통 받는 사람들의 세계를 제대로 파악하기 위해서는 그들을 곁에서 돌보는 사람들에 대한 조사 연구도 함께 병행해야 한다.

보통 치매 환자가 발생하면 환자의 저항 행동과 그 행동에 대응하는 방법에 주로 집중하기 때문에 환자의 내면에 숨겨진 심리 상태는 간과하는 경향이 있다. 임상계 역시 측정 가능한 인지 능력 소실에만 관심을 두면서 본의 아니게 치매 환자들의 주관적 세계를 미지의 영역으로 만들어 가고 있는 실정이다. 임상의들이 주로 관찰 가능한 행동과 결함에 대한 증거에만 관심을 기울이기 때문에 나타나는 현실이다. 보통 숫자 따라 말하기나 역대 대통령 이름 외우기와 같이 무능을 평가하는 검사 방법에 지나치게 의존하면서 치매 환자를 논할 때에도 결함과 관련된 임상 용어를 주로 사용하고 있다. 그런 식으로 우리는 치매의 주관적인 세계가 품고 있는 다양한 측면을 외면하고 있다. 우리는 치매 환자들이 실제로 체험하는 것들을 자세히 관찰하지 못한다. 치매에 대한 우리의 인식에 갇혀 그들이 지닌 인간성을 제대로 들여다보고 있지 않기 때문이다.

물론 치매 환자와 같은 뇌질환을 앓고 있는 사람들이 어린 시절이나 젊은 시절에 대한 많은 기억을 잃는 게 사실이지만, 그들이 느끼는 다양한 감정에 대한 기억은 잃지 않는다. 알츠하이머Alzheimer's 환자가 어린 시절에 기르던 개 이름은 기억하고 오늘이 무슨 요일인지는 기억하지 못하는 경우를 흔히 볼 수 있다. 치매는 새로운 기억을 형성하는 능력을 손상시키기 때문이다. 이 병은 내 친구 존 탠지먼 박사 같은 사람들에게는 특히 더 잔인하다. 그의 어머니는 아주 고통스러운 어린 시절을 보냈고,

치매를 앓게 되면서 현재의 행복한 삶이 아닌 과거의 고통스러운 기억을 다시 경험할 수밖에 없는 처지가 돼 버렸다.

게드 바겐은 1925년 노르웨이 올레순^Ålesund에서 선장인 아버지와 가정주부인 어머니 사이에서 태어났다. 그녀는 겨울이면 장엄하고 아름다운 산맥에서 산악 스키를 타고, 여름이면 피오르 지역에서 수상 스포츠와 요트를 즐기면서 목가적인 어린 시절을 보냈다. 게드는 1940년 4월 9일 나치가 노르웨이를 침공했을 당시 고등학교 1학년이었다. 그녀는 조국이 노르웨이 인구 8명당 독일군 1명이라는 비율로 요새화되는 것을 지켜봐야 했다.

그 후 노르웨이는 독일 국방군^Wehrmacht에게 5년간 점령당하면서 식량 부족과 언론 검열을 겪었고, 독일군은 노골적이고 괴상한 나치 선전 운동을 펼쳤다. 예컨대, 잘 알려진 '나치 경례'가 바이킹 시대부터 전해 내려온 고대 노르웨이 전통이라고 선동하곤 했다.

게드는 평생 그녀를 괴롭힐 전쟁의 참상을 마주하고 만다. 그녀는 학교 교장 선생님이 무선 송신기를 가지고 있다가 발각돼 즉시 처형되는 모습을 직접 봤다. 또 저항 운동에 연루된 많은 친구들을 잃어야 했다. 게드의 가족은 기근에 가까운 굶주림에 시달렸다. 게드의 아버지는 의사에게 부탁해 게드의 팔에 깁스를 하도록 했다. 그녀는 1년 동안 아무 문제도 없는 팔에 깁스를 하고 있었다. 게드의 아버지는 딸에게 신체적 문제가 있는 것처럼 보이도록 해 딸이 나치의 우생학 프로젝트인 레벤스보른Lebensborn('생명의 샘'이라는 뜻으로, 나치의 인종 개량 프로젝트를 말한다 – 옮긴이) 프로그램을 피할 수 있게 했다. 나치 정권은 '순수 혈통' 아리안 족의 출생률을 높이기 위해 독일 점령군이 건강한 체격, 금발머리, 파란 눈을 가진 여성들과 성관계를 갖도록 했다.

전쟁이 끝난 후 게드의 삶은 지속적인 트라우마와 상실감으로 얼룩져 있었다. 게드가 옥스퍼드 대학에서 도서관학 석사 과정을 마치자마자 남편이 항해 사고로 세상을 떠났다. 당시 그는 겨우 이십 대였다. 1954년, 과거를 잊고 싶었던 게드는 가족과 친구들을 떠나 미국으로 여행을 떠났다. 결국 그녀는 미국에서 재혼을 하고 버펄로에 정착해 두 아들을 둔 엄마가 됐다. 그러나 둘째 아들 토머스가 세 살 때 백혈병으로 세상을 떠나고 만다. 게드가 쉰두 살 때 그녀의 두 번째 남편이 갑자기 세상을 떠났고, 네 식구였던 게드의 가족은 그렇게 두 식구가 됐다.

게드의 아들이자 내 동료인 존은 어머니가 평생 짊어지고 온 슬픔, 전쟁에 대한 분노와 비통, 전쟁에 맞서 싸운 사람들을 늘 잊지 않고 떠올리며 살고 있었다. 보통 가족 모임은 나치 정권의 만행이 재발돼서는 안 된다는 이야기로 시작되곤 했다. 전쟁의 트라우마는 게드의 정체성을 상당 부분 잠식하고 있었고, 존

의 아버지가 세상을 떠나면서 더 악화됐다. 치매 초기에 게드는
전쟁에 관한 기억에 더 집착했고, 음식이 식어서 나오거나 텔레
비전 리모컨을 찾을 수 없거나 무언가 불만스러운 일이 생기면
무조건 히틀러 탓을 했다.

치매는 가족들에게 특히 더 잔인한 병이다. 가족들은 사랑했
던 사람이 계속해서 기억을 잃다가 더 이상 아무것도 기억하지
못하는 모습을 속수무책으로 지켜봐야 한다. 자기 가족이 서서
히 과거 속 자아의 껍데기가 돼 가는 모습을 무기력하게 바라봐
야만 한다. 존은 자신이 알고 있던 어머니 게드의 존재를 단념
할 수밖에 없었다. 그는 어머니와의 관계를 도둑맞은 기분이 들
었고, 어머니가 세상을 떠나기 전부터 그녀를 잃었다는 상실감
에 슬퍼하기 시작했다.

몇 년이 흐르고 게드의 죽음이 가까워지자 그녀의 삶을 잠식
했던 비통과 슬픔도 서서히 사라져 가는 생각지 못한 변화가 일
어났다. 히틀러의 만행은 잊혀 갔고, 전쟁에 대한 공포로 가득
했던 마음은 평정을 되찾아 갔다. 게드는 자신을 돌보는 사람들
에게 평소답지 않게 상냥했고, 눈에 띄게 다정한 태도로 그들을
대했다. 게드는 과거의 괴로운 기억 속에 갇혀 사는 대신, 먼저
세상을 떠난 아들 토머스의 사진을 애정 어린 눈길로 바라보는
데 몇 시간을 보내곤 했다. 존은 토머스의 사진을 향해 입맞춤
을 보내고, 좋은 시절을 떠올리고, 영원한 사랑을 약속하는 어

머니의 모습을 자주 접할 수 있었다. 게드는 오랫동안 자기 곁을 떠나 있던 아들을 되찾고 있었다.

치매가 진행되면서 게드는 자신이 평생 짊어지고 온 기억에서 홀가분하게 벗어날 수 있었고, 여러 트라우마를 겪기 전의 게드로 돌아간 것처럼 보였다. 그 변화가 워낙 급격하게 일어나서 게드는 거울 속에 비친 자기 모습을 보고 '미친 여자'라고 부르며 무서워하곤 했다. 결국 존은 게드가 속상해하지 않도록 천으로 거울을 가려야만 했다. 그녀는 너무 먼 과거에 머무르고 있어서 거울에 비친 여든다섯 살의 자기 모습은 더 이상 알아볼수 없었는지도 모른다. 아니면, 자신의 상처받은 영혼으로 인식해 그런 식으로 거부감을 드러냈는지도 모른다.

게드는 그로부터 몇 주 후 평화롭게 생을 마감했다. 그녀는 현실에 대한 왜곡된 생각을 가지고 살아왔는지도 모른다. 그러나 삶의 마지막 순간에는 상처가 덜한 자아가 있는 기억으로 되돌아갔고, 자신이 짊어져 온 고통에서 해방될 수 있었다.

알츠하이머 치매를 앓는 환자들의 경우, 수면 중에 겪는 임종 전 경험과 각성 상태에서 겪는 임종 전 경험 사이의 경계가 그들이 더 이상 공유할 수 없는 현실보다 더 모호해진다. 치매를 앓는 환자들은 자기만의 세상에 존재하기 때문에 그들의 임종 전 경험은 결국 자신만이 아는 비밀로 남게 된다. 그러나 그런 환자들도 임종 과정의 일부로 내적 변화를 자주 겪는다. 그들은 내적 변화를 통해 오래된 상처를 치유하거나, 잃어버린 것을 더듬어 보거나, 멀리 떨어져 있던 사랑을 되찾을 수도 있다. 물론 그것을 증명할 증거를 수집하기는 어려울 것이다. 과학의 잣대를 견뎌낼 수 있는 수준의 증거를 제시하기는 쉽지 않을 것이다. 하지만 나는 그들의 변화 과정이 계속해서 더 구체적으로 밝혀지는 것을 지켜봐 왔다. 또 심각한 인지 기능 장애를 가진 환자들이 임종 과정에서 오히려 더 활기차고 생기가 넘치는 내적 삶을 경험하는 모습도 직접 봐 왔다.

올리버 색스 같은 의사들은 치매를 앓고 있는 사람들이 여전히 음악 같은 창작 예술에 자극을 받아 활성화되는 감성 지능을 가지고 있다는 사실에 주목했다. 이 같은 사실은 감성 지능보다 사고 능력에 기초해 환자를 검사하면서 적지 않은 오류가 발생할 수 있음을 분명히 보여 준다. 우리가 보기에는 치매 환자들이 감정을 제대로 느끼지 못하는 것처럼 보일 수도 있지만, 그들의 마음속에는 여전히 다양한 감정이 자리하고 있다. 감정을 느끼고 사랑을 주고받을 수 있는 그들의 능력은 결코 사라지지 않는다.

다운 증후군 환자의
아기 인형

　다운 증후군 역시 오해받기 쉬운 질환이다. 사람들은 다운 증후군 환자들이 죽음이나 임종 과정의 의미를 어떤 식으로 이해하고 받아들이는지 잘 모르는 상태에서 흔히 그들을 오해하곤 한다. 그들이 말기 진단을 어떻게 받아들일지, 또 어떤 정보를 어떻게 그들과 나눠야 하는지 등에 대한 그들만의 가정을 세우게 된다. 물론 그러한 물음에 정답이 있다고 생각하지는 않지만, 나는 투병생활 속에서도 놀라운 회복력을 보이며 의미를 찾고 마음의 안정을 유지하는 환자들을 직접 만나 왔다. 특히 임종 전 경험은 죽음을 앞둔 이들이 그 방식이 아니라면 경험하기 어려운 감정 상태에 다다르게 하는 잠재력을 지니고 있다.

　새미라는 환자 역시 특별한 임종 과정을 겪었다. 나는 새미가 세상을 떠나기 몇 달 전부터 그녀를 보살폈다. 그녀는 다운 증후군 환자였고, 서른여섯 살에 전이성 난소암 진단을 받았다. 새미와 나는 그녀가 앓고 있는 질환과 증상 치료의 필요성에 대해 자주 이야기를 나눴다. 새미는 전이성 난소암으로 인해 복수가 차오르면서 점점 배가 불러왔다. 내가 그 증상을 해결하는 데 고심하자 그녀는 그 즉시 내 말을 바로잡으며 말했다. "제가 임신해서 그런 거예요." 새미는 자신이 겪는 신체적 불편함의 원인을 임신이라고 규정하면서 말기 암 진단이라는 암울한 현실을 초월한 듯한 모습을 보였다. 내가 그 증상으로 인한 메스꺼움, 복통, 피로감이 얼마나 심한지 묻자 새미는 웃으면서 "맞아요. 임신해서 그런 거예요."라고 답했다. 암이 계속 진행되면서 새미의 증상은 더 악화됐고, 복부도 더 크게 팽창했다. 그럼에도 새미는 엄마가 된다는 기쁜 기대감에 부풀어 있었다. 그리고 새미는 꿈을 꿀 때마다 자기가 임신한 게 확실하다고 말하곤 했다.

나는 새미가 자신의 병을 해석하는 모습을 보고 다른 사람들이 어떻게 반응할지 걱정되기 시작했다. 새미는 장애인들이 모여 사는 요양 시설에 살았다. 그녀에게는 대가족이 함께 사는 집이나 다름없었다. 그곳은 화려하지는 않지만 쾌적하고 신뢰할 수 있고 안전한 곳이었다. 지난 몇 년 동안 나는 환자들을 진료하기 위해 그 시설을 여러 차례 방문했다. 나는 그곳에서 일하는 직원들을 만난 뒤 내 걱정이 괜한 기우였음을 깨달았다. 환자들을 직접 돌보는 사람들은 보통 놀랄 만한 임상적 통찰력과 판단력을 가지고 있다. 새미가 거주하는 시설 직원들은 그날그날 환자들의 상태에 맞는 돌봄 서비스를 제공하는 동시에 그들에게 친근하고 편안한 존재가 되어 주는 역할을 아주 훌륭하게 수행하고 있었다.

혈육이 없는 상황에서 새미는 가상의 이야기를 위한 자기만의 무대를 마련했다. 장애를 가진 새미는 엄마가 될 수 없었지만, 그렇다고 해서 그녀에게 모성 본능이 없는 것은 아니었다. 그녀는 평생 인형을 안고 다녔고, 직원들은 그런 새미에게 아기 모습을 본뜬 인형을 선물하곤 했다. 가장 최근에 그녀가 선물받은 인형은 토실토실한 팔다리와 꼭 껴안고 싶은 폭신폭신한 몸을 가진 사랑스러운 아기 인형이었다. 그런데 죽음의 문턱에 선 새미는 이제 더 이상 인형에 만족하지 못했다. 약물치료, 영상 검사, 실험실 검사, 병원 방문에도 불구하고 새미는 자신이 앓는 병으로 인한 증상이 임신한 증거라고 여겼다. 그것이 그녀의 결론이었다. 다른 무엇보다 중요한 것은 새미 자신의 이야기였고, 그녀는 그 이야기를 바꿀 마음이 없었다.

새미는 죽음, 즉 생명의 소실을 생명의 탄생으로 고쳐 썼다. 그것은 그녀가 늘 원했던 것, 수십 년 동안 아기 인형을 안고 다녀도 채워지지 않은 욕구를 채워 줄 마지막 방법이었다.

나는 새미가 세상을 떠나기 며칠 전 그녀와 통증 관리에 관해 의논했던 날을 기억한다. 새미는 계속 웃음을 지으며 주문을 외듯 반복해 말했다.

"선생님, 괜찮아요. 아기가 움직여서 그런 것뿐이에요."

나는 우리의 내적 세계가 우리의 가장 큰 소원을 들어주는 그 마법과 같은 과정에 감사하는 마음으로 새미를 바라보며 웃음을 지어 보였다. 매기와 마찬가지로 새미는 내게 기적 같은 존재였다.

새미를 돌보면서 나는 내가 세웠던 가설, 즉 임종 전 경험은 인지 장애나 신경발달 장애 여부와 상관없이 보편적이라는 생각을 되짚어 볼 수 있었다. 나는 '우리와 다른' 사람들에게 갖는 무의식적인 편견을 또다시 만들어 내고 있었다. 나는 '우리'와 '그들'을 비교하는 데 도움이 되기는커녕 오히려 제약이 될 수 있는 '동일한 모습'을 찾고 있었다. 새미는 내가 찾고자 한 동일성이 얼마나 무의미한지 내게 확인시켜 줬다. 새미의 임종 전 경험은 그녀만큼이나 독특했지만, 새미의 인지 기능이 다른 사람들과 다르다고 해서 그녀의 경험이 약화되는 모습을 보이지는 않았다. 사실 새미의 임종 전 경험은 다른 누구의 경험보다 더 강력하다고 할 수 있었다. 새미의 임종 전 경험은 그녀가 오랫동안 간직해 온 상상 속 이미지와 연결돼 있었을 뿐 아니라, 그녀가 깨어 있든 잠들어 있든 그녀는 그 경험을 실재하는 현실로 인식했기 때문이다.

자폐증 환자의
꿈속 여섯 살 아이

새미가 인지 장애가 있는 사람들의 임종 전 경험에 대한 보다 명확한 그림을 그릴 수 있게 해 줬다면, 자폐증 환자인 안드레는 그 그림을 완성할 수 있게 해 준 환자였다. 안드레는 죽음에 대한 논의는 환자의 증언에 기초할 때 비로소 정확하고 설득력 있는 결론에 도달할 수 있다는 사실을 다시 한 번 상기시켜 줬다.

고기능 자폐증(지적 장애를 보이지 않는 자폐증을 말한다 - 옮긴이)을 앓고 있던 안드레는 거의 평생 동안 동네 슈퍼마켓에서 손님이 산 물건을 담아주는 일을 했다. 부모님이 돌아가신 후 사촌 리사의 부모님과 함께 살다가 몇 년 후 리사가 세 아이의 엄마가 되자 리사의 집으로 들어가 살게 됐다. 안드레는 어른이 되어서도 다른 사람을 필요로 했지만, 사랑을 받은 만큼 베풀 줄 아는 사람이었고, 3대 가족을 더 화목하게 만드는 존재였다.

안드레는 순수하고 명랑한 성격 덕분에 아이들과 깊은 공감대를 형성하며 쉽게 어울릴 수 있었다. 그가 리사의 집으로 이사해 들어갔을 때 리사의 아들 헤이즌은 세 살이었고, 안드레와 헤이즌은 순식간에 친해졌다. 그 둘은 누구도 갈라놓을 수 없을 정도로 친한 친구가 됐다. 그들은 집에서 장난감 총인 너프^{Nerf}를 가지고 놀고, 서로 다른 방에서 워키토키(휴대용 소형 무선 송수신기 – 옮긴이)를 사용해 대화를 주고받았다. 또 핼러윈 데이가 되면 함께 핼러윈 복장을 하고 호박에 유령 얼굴을 조각하고 마당에 쌓인 낙엽 밑에 숨으며 숨바꼭질을 하기도 했다. 안드레는 가족 여행과 '부활절 달걀 찾기' 놀이를 좋아했다. 그의 가족은 그를 '아이 같다'고 말하면서도 그의 강한 독립심을 존중했다. 안드레는 아침 식사 준비를 하고, 직장에 가져갈 점심 도시락을 직접 만들고, 별 도움 없이 가게에서 물건을 살 수 있었다. 그는 13년 동안 리사의 가족과 함께 살다가 일흔다섯 살에 세상을 떠났다.

2017년 5월 당시 일흔네 살이었던 안드레는 울혈성 심부전과 방광암 진단을 받았고, 호스피스 치료가 필요한 상황이었다. 의사들은 그의 암 때문이 아니라 심장 때문에 결국 그가 사망에 이르게 될 것이라고 예측했다. 아무도 이런 사실을 안드레에게 말하지 않았고, 그는 그해 12월 뇌졸중으로 쓰러지기 전까지 행복하고 홀가분한 삶을 계속 이어 갔다.

리사와 남편 멀은 안드레가 하루하루를 충만하게 살 수 있도록 하는 데 주력했다. 당시 안드레는 의료용 보행기를 사용하고 카테터 백을 24시간 착용하고 있었지만, 언제나 웃는 모습을 잃지 않고 하루하루를 감사한 마음으로 맞았다. 안드레는 자신이 말기 환자라는 사실을 분명하게 인지하지 못한 채 살았다. 그래서 안드레가 숨지기 한 달 전에 고인이 된 친지들을 보기 시작했을 때 리사는 마음이 몹시 아팠다. 안드레는 항상 낮 시간에 그들을 봤고, 그럴 때면 그가 눈을 커다랗게 뜨고 창문을 응시하고 있었기 때문에 리사는 안드레가 언제 환시를 경험하고 있는지 알 수 있었다. 그 순간의 안드레는 호기심이 가득한 얼굴로 오히려 더 생기 있는 모습을 보이곤 했다.

맨 처음 안드레는 모자 쓴 남자를 봤다. 안드레는 그를 잘 알아보지 못했지만, 그는 안드레에게 손을 흔들며 다정하게 인사했다. 그 다음에는 한 여자가 보였는데, 왠지 낯익은 얼굴이었고 안드레는 그녀가 할머니일지도 모른다는 생각을 했다. 안드레는 거의 매일 그런 환시를 겪었다. 한번은 사진을 찍고 있는 남자를 봤는데, 마침 사진 찍기는 안드레가 가장 좋아하는 취미였다.

또 어느 날, 그가 사촌과 이야기를 나누다가 방에서 발견하고 가리킨 환영은 다름 아닌 리사의 돌아가신 어머니였다. 리사의 어머니는 안드레의 여행 가방 위에 앉아 있었고, 안드레는 웃으며 소리쳤다. 우리 환자의 3분의 2 정도가 그런 것처럼, 그의 임종 전 경험 역시 여행이나 짐 싸기를 통해 떠날 준비를 하는 장면을 포함하고 있었다.

리사에게 가장 큰 감동을 준 안드레의 환시는 바로 그녀의 조카 루카스가 어린 아이의 모습으로 등장한 환시였다. 안드레의 임종 전 경험에는 아이들을 유난히 귀여워하는 그의 성향이 자연스럽게 반영돼 있었다. 루카스는 아주 공격적인 유형의 백혈병에 걸려 여섯 살 때 세상을 떠났다. 루카스는 리사의 딸 가브리엘과 함께 자란 동갑내기였다. 루카스와 가브리엘은 따로 떨어뜨려 놓을 수 없을 정도로 친한 사이였고, 두 아이가 세상에서 가장 좋아하던 놀이는 나비 잡기였다. 안드레는 환시를 통해 나비를 쫓는 한 아이를 봤고, 그 모습은 과거에 대한 애착 그 이상의 의미를 담고 있었다. 그 환시에는 특별한 메시지가 담겨 있었다. 안드레는 리사에게 자신이 들은 대로 말했다.

"그 아이가 자기는 죽었다고 했어."

안드레는 그 아이가 등장하는 임종 전 경험을 통해 자신의 죽음이 임박했다는 사실을 아주 친숙하고 자연스럽게 받아들이고 있었다.

가끔 사진첩이나 사진을 통해 안드레가 봤던 인물들을 확인해 가면서 안드레의 임종 전 경험을 함께 공유할 수 있었던 시간은 리사와 멀에게도 잊을 수 없는 소중한 추억이 됐다. 두 사람의 딸 가브리엘에게도 마찬가지였다. 가브리엘은 안드레와의 추억 덕분에 사랑하는 사촌 루카스를 다시 어린 시절의 행복한 기억으로 떠올릴 수 있었다. 안드레의 임종 전 경험은 그가 가장 소중하게 생각하는 것, 즉 자신이 사랑하는 사람들과 연결돼 있다는 믿음을 가지고 죽음을 맞이할 수 있게 해 줬다. 그런 임종 전 경험을 통해 안드레가 행복해한다는 것을 온 가족이 알게 되면서 가족들 역시 마음의 위안을 얻을 수 있었다. 안드레는 마지막 임종 전 경험을 통해 위안을 얻었을 뿐 아니라 리사의 말대로 '따뜻함'을 느낄 수 있었다. 리사는 "많은 사람이 죽음을 맞이하면서 그 고통 때문에 약에 의존하지만, 안드레는 그렇지 않았어요."라고 말했다. 실제로 그는 생을 마감하기 이틀 전까지도 의식이 아주 또렷했다.

나는 우리가 장애인이라고 말하는 사람들이 임종 전 경험에 대해 정확히 어떤 관점을 가지고 있는지 알지 못한다. 자신의 임종 전 경험을 설명할 수 없는 환자라면 더욱 그렇다. 그러나 그들이 죽음을 맞이하는 과정에서 아무런 단서도 남기지 않는다고 이야기하는 것은 거짓이다. 완화 의료의 참모습은 각 개인이 온전히 존재할 수 있도록 돕는 데 있다. 우리는 각 개인이 지닌 고유한 빛을 목격하게 된다. 그 빛이 얼마나 밝은지 혹은 희미한지, 그 빛이 다른 빛과 어떻게 다른지는 중요하지 않다. 사실, 어떤 사람이 장애인이든 비장애인이든 삶의 끝자락에 선 그 사람의 마음과 감정에 어떤 변화가 일어나는지 정확히 알 수 있는 사람은 아무도 없을 것이다.

9장 ─────────────────────────────────────

남겨진 사람들에게

이별과 그 후의 삶

넌 죽은 게 아냐
바뀌었을 뿐
눈에 보이지 않는
선명한 슬픔이 됐어.
그 슬픔은
네가 나를 떠나기 전
그 모습보다
더 생생해.
이제 너의 모든 게
내 일부가 됐어.
이제 너는
내 안에 있어.

— 도날 뎀시 DÓNALL DEMPSEY

남겨진 사람들

의사 폴 칼라니티가 폐암 말기 판정을 받고 투병 생활을 하며 써 내려간 잊지 못할 회고록 《숨결이 바람 될 때》는 폴이 때 이른 죽음을 맞이한 후 아내 루시 칼라니티 Lucy Kalanithi 가 쓴 감동적인 에필로그로 끝맺는다. 루시는 남편이 세상을 떠나기 이틀 전을 떠올리면서 이렇게 적었다. "아무리 마음을 다잡아도 그가 느낄 고통을 생각하면 감정이 북받쳐 올랐다. 이제 그에게 불과 몇 주라는 시간밖에 남지 않았다는 생각이 들어 불안했다. (…) 나는 폴이 그렇게 며칠 만에 세상을 떠나리라고는 생각지 못했다." 또 루시는 폴의 상태가 악화되는 상황을 지켜보면서 슬픔에 잠겼던 순간을 회상하며, "나는 벌써부터 폴이 그리웠다."라고 당시의 심정을 밝혔다.

루시의 애도 경험은 사별이 사랑하는 사람을 잃은 후에 겪는 일이라고 믿는 우리의 생각이 잘못됐음을 보여 준다. 그녀의 슬

품을 들여다보면 상실감의 명확한 시작이나 끝이 없고, 죽는 순
간과 죽음, 존재와 부재, 사별하기 전과 후를 명확하게 구분하
는 순간도 없다.

인간의 슬픔은 다차원적이고 시시각각 상황에 따라 변하며
개인적이다. 유족이나 환자를 돌봤던 사람들은 갖가지 방법을
동원해 사랑하는 사람이 더 이상 존재하지 않는 세상에 적응하
는 법을 배워 나간다. 그러나 그 어떤 상황에서도 변하지 않는
단 한 가지 사실은 사랑하는 가족이 편안하게 세상을 떠날 때,
유족이 그 상황을 더 잘 받아들일 수 있다는 점이다. 우리는 사
랑하는 가족이 마지막 순간에 편안한 마음으로 눈감았다는 사
실에서 위로와 위안을 얻는다. 예컨대, 유족들은 죽음을 앞둔
가족이 임종 전 경험을 통해 삶을 긍정하는 모습을 보면서 위로
를 받곤 한다. 유족들이 임종 전 경험의 위안 효과를 더 긍정적
으로 받아들일수록, 상실의 슬픔을 극복해 나가는 과정에서 더
큰 위안을 받는다. 내가 만난 한 환자의 누나는 "죽은 여동생이
자기에게 손 내미는 모습을 동생이 봤다고 했을 때, 그가 위로
받았다는 걸 알았기 때문에 제 마음도 편했어요. 동생은 그 아
이를 아주 끔찍이 아꼈고, 그 아이도 그를 아주 잘 따랐죠." 때
로는 애도라기보다 만족에 가까운 단어까지 반복해 사용하며
말하기도 한다. 그들은 "그는 자기보다 먼저 세상을 떠난 사람
들을 보고 대화를 나누면서 위로를 받았어요. 그는 그게 무섭지

않다고 했죠."라 말하거나, "그때 들었던 꿈 이야기들은 지금도 기억이 나요. 가끔 떠올리며 추억하기도 해요."라며 임종 전 경험에 대해 이야기한다.

남겨진 가족들은 죽음을 앞둔 환자의 임종몽 덕분에 오랫동안 묻혀 있던 환자의 과거를 알게 되기도 한다. 존 스틴슨의 자녀들이 스무 살의 군인인 존을 만나게 된 것은 존의 임종 전 경험 덕분이었다. 그의 자녀들은 아버지가 스무 살 때 어떤 삶을 살았는지 전혀 알지 못했다. 존은 여든일곱 살이 될 때까지 젊은 시절 자신이 전쟁을 통해 겪은 일을 숨겨 온 사람이었다. 그는 노르망디 해안에서 인명 구조 임무를 수행하면서 목격한 참상을 가족들에게 이야기한 적이 단 한 번도 없었고, 죽음을 앞두고 아주 오래된 기억들이 표면화되기 전까지 묵묵히 혼자서 그 기억의 고통을 견뎌 왔다.

"지난 2주 동안 지금껏 아버지에 대해 알고 있던 것보다 더 많은 것을 알게 됐어요." 존의 아들은 아버지의 임종 전 경험을 떠올리며 말했다. 그들은 아버지가 임종 전 경험을 통해 되돌아가고 있는 과거에 대해서는 속속들이 잘 알지 못했지만, 아버지가 임종을 맞이하면서 겪었던 긍정적인 위안 효과에 대해서는 잘 알고 있었다. 아버지가 세상을 떠난 지 벌써 몇 년이 지났지만, 그들은 아버지가 평화롭게 임종을 맞이할 수 있었던 이야기를 하면서 여전히 감사의 눈물을 흘렸다.

결혼을 앞둔
신부의 죽음

스물여덟 살의 시에라의 경우, 그 가족은 시에라에게 죽음이 임박했다는 사실을 실감할 새도 없이 어리둥절한 상태로 갑작스러운 슬픔을 받아들여야 했다. 복부 불편감을 호소했던 시에라는 처음에 맹장염이라는 오진을 받았는데, 추가 검사가 이뤄질 때쯤 맹장염이 아닌 광범위하게 전이된 결장암이라는 진단이 나왔다. 시에라의 어머니 태미는 그 끔찍한 소식을 받고도 신기하리만큼 침착한 모습을 보였던 시에라를 지금까지 선명하게 기억하고 있다. 당시 태미는 딸이 그 현실을 받아들이지 못하고 있는 것처럼 보여 더 깊은 고민에 휩싸였다.

시에라는 화학 요법을 받고 있던 암 병원에서 결혼식 계획을 세우기 시작했다. 시에라는 네 살짜리 아들이 있었고, 아이 아빠인 약혼자와 결혼식을 올리는 순간을 오랫동안 꿈꿔 왔던 터였다. 암 전문의는 시에라의 어머니를 따로 만나 시에라가 결혼 준비를 하는 데 필요한 두 달이라는 시간을 버틸 수 없다고 말했다. 딸을 위로할 방법을 찾지 못해 속상했던 태미는 시에라의 약혼자에게 결혼식 날짜를 앞당겨 달라며 사정했다. 그가 정한 날짜이기는 했지만, 사실 약혼자는 결혼식을 올리고 싶어 하지 않았다. 결국 결혼식은 치를 수 없었다.

암 진단으로 온 가족이 큰 충격을 받고 시에라가 호스피스 버펄로에 입원하기까지 채 두 달도 걸리지 않았다. 시에라는 살 날이 얼마 남지 않아 호스피스 버펄로로 옮겨야 하는 상황이었다. 갑자기 결혼이 아닌 죽음을 생각해야 하는 상황은 말할 것도 없고, 입원 치료를 받다가 한순간에 완화 치료를 받아야 하는 그 상황을 가족들은 어떻게 받아들여야 할지 몰랐다.

시에라의 통증은 수그러들 줄 몰랐고, 그녀의 상태는 급속도로 악화됐다. 증상 관리가 무엇보다 중요하기는 했지만, 시에라와 그 가족에게 시간이 얼마 남지 않았다는 사실을 알려 그들이 마지막 인사를 나눌 수 있도록 돕는 게 급선무였다. 완화 의료 의사 메건 파렐 박사, 채플린, 간호사, 사회 복지사로 구성된 시에라의 담당 의료진은 시에라와 그 가족을 돕기 위한 개입을 단행하기로 결정했다. 담당 의료진은 먼저 시에라의 가족을 만났다. 시에라의 죽음이 임박하다는 사실을 전해 들은 가족들은 충격을 받은 기색이 역력했다. 파렐 박사는 시에라의 동생에게 시에라가 자신의 상황을 얼마나 잘 이해하고 있는지 물었다. 시에라의 동생은 눈시울을 붉히며 말했다.

"언니는 자기가 이 상황을 이겨낼 수 있다고 믿고 있어요. 자기는 죽지 않을 거라고요."

다음 날 시에라의 부모와 담당 의료진은 시에라에게 정확한 상황을 알리기 위해 다 같이 시에라의 침대 주위에 모였다. 파렐 박사가 먼저 이야기를 꺼냈다.

"저를 비롯한 담당 의사들이 최선을 다했음에도 불구하고 근본적인 문제를 해결하지 못했고, 이렇게 큰 고통을 안긴 병을 치료하지 못했어요."

시에라는 자신이 전보다 더 쇠약해졌다고 인정하기는 했지만, 코앞에 닥친 죽음에 대해서는 변함없는 거부감을 드러냈다. 그녀는 "저는 이겨낼 거예요."라고 힘없이 속삭였다. 태미는 터져 나올 듯한 울음을 억눌렀다.

파렐 박사는 시에라에게 더 가까이 다가갔다. 파렐 박사는 엄청난 사랑과 배려가 그 방에 가득하다고 말하면서 시에라에게 물었다.

"시에라, 당신은 미래에 대해 생각하나요?"

닭똥 같은 눈물이 시에라의 볼을 타고 흘러내렸다. 태미는 딸의 눈물을 닦아 주고 싶었지만 꾹 참았다. 얼마 있다가 파렐 박사는 시에라에게 최근에 꿈을 꾼 적이 있느냐고 물었다.

"네, 이상한 꿈을 꿨어요. 늘 이상한 건 아니에요. 가끔 잘 기억나지 않을 때도 있고요."

시에라가 답했다. 파렐 박사는 질문을 계속 이어 나갔다.

"시에라, 혹시 꿈에 계속 보이거나 꿈속에서 당신을 찾아오는 사람이 있나요?"

한참 정적이 흘렀다. 시에라는 눈을 반쯤 뜬 상태로 파렐 박사의 어깨너머를 훑어보더니 웃음을 지으며 속삭이듯 말했다.

"안녕하세요. 할아버지!"

태미는 울기 시작했다. 시에라가 그녀의 할아버지 하워드에 대한 꿈을 꾼 것은 이번이 처음이 아니었다. 훈장을 받은 참전 용사이자 헌신적이고 가정적인 남자였던 하워드는 손녀 시에라와 각별한 사이였다. 하워드 할아버지는 시에라가 암 센터에 있을 당시에도 그녀의 꿈에 나타났지만, 사랑하는 가족들이 모인 호스피스 병실의 고요함 속에서 할아버지가 보이는 시에라의 환시는 반복적인 꿈 그 이상의 의미를 지니고 있었다. 그 환시는 상황을 명확하게 알려주면서도, 말기 질환이나 죽음 같은 단어들은 무색하게 만드는 신비로운 존재의 발현이었다. 아무도 말은 안 했지만, 모두가 그 상황을 이해하고 있었다. 또 그날의 그 경험은 태미가 딸을 떠나보내야 한다는 사실을 받아들이는 데에도 도움이 됐다.

그 자리에 있던 모두 사람이 말문이 막혔다. 태미가 그 정적을 깨며 물었다.
"시에라, 할아버지가 뭐라셔?"
"내가 어엿한 숙녀가 되고 엄마가 되어 대견하다고 하셔."
시에라는 천천히 그러나 분명하게 답했다. 그녀는 의식이 오락가락하고 있었다.
"할아버지는 내가 고통 받지 않길 바라."

태미는 시에라가 속삭이는 그 말을 듣고 이제 그만 딸을 보내 줘야 한다는 사실을 깨달았다.

"아가, 할아버지가 너를 데리러 오시면 할아버지랑 함께 가렴. 우리 걱정은 하지 말고."

태미는 알 수 없는 힘에 이끌려 자신도 모르게 시에라에게 말하고 있었다.

시에라는 나흘 뒤에 사랑하는 가족들과 친구들에 둘러싸여 생을 마감했다. 태미는 소중한 자기 딸을 조금이라도 더 안아 주기 위해 시에라의 침대 위로 올라가 앉았고, 시에라는 그렇게 어머니의 품에서 숨을 거뒀다. 후회 없이 놓아주려면 원 없이 꽉 잡고 있어야 할 때가 있다. 슬픔에 잠긴 어머니에게 그 마지막 순간은 왠지 한 바퀴를 돌아 다시 제자리로 돌아간 듯한 '심오하고도 비현실적인' 기억으로 남았다.

"저는 시에라가 첫 숨을 쉴 때 그곳에 있었고, 그 아이가 마지막 숨을 쉴 때에도 그곳에 있었어요. 그런 경험을 할 수 있는 부모는 많지 않을 거예요."

임종 전 경험이 환자에게 위안을 준다는 점에서 가족들에게도 도움이 되는 게 사실이지만, 임종몽이 사별에 미치는 영향은 거의 검증되지 않았다. 환자의 관점에서 제한된 방식으로만 연구가 진행됐을 뿐 아니라 최근까지 임종몽이 유족에게 미치는 영향에 대한 연구는 일본에서 진행된 단 한 건에 불과하다. 이 같은 연구의 부족은 그것이 환자와 관련된 것이든 유족과 관련된 것이든 주관적인 관점을 다루는 연구는 일단 미심쩍은 것으로 치부하고 보는 과학적 접근법이 낳은 폐해 중 하나라 할 수 있다.

호스피스 버펄로에서 최근 수행한 사별에 관한 연구에 따르면, 임종몽과 임종시를 경험한 가족을 둔 참가자 중 54%가 임종 전 경험에 대한 이해가 자신들의 애도 과정 전반에 영향을 미쳤다고 답했다. 배우자를 떠나보낸 경험이 있는 한 참가자는 이렇게 말했다.

"우리 두 사람 모두 처음부터 그가 더 좋은 곳으로 갈 거라는 걸 알았죠. 우리의 사랑이 계속될 더 좋은 곳이요. 그는 자신의 '묘'가 보이는 환시를 겪고는 아주 즐거워했어요. 그는 그 모습을 보며 위로받았죠. 새로운 세상을 마음속에 그리며 편안해했어요. 그가 사라졌다고 생각하지 않아요. 변한 건 맞지만, 왠지 늘 그 자리에 있는 것 같아요."

다른 참가자들 역시 이와 비슷하게 임종몽에 대한 이야기를 듣고 위안을 받았다는 긍정적인 답변을 내놓았다.

"환시를 본 어머니는 행복하고 편안해 보였어요. 환시를 통해 만난 사람들을 반가워하며 기뻐하셨죠. 어머니가 곧 우리를 떠날 거라는 것과 편안한 마음으로 떠나실 거라는 걸 알 수 있었어요."

사랑하는 사람의 임종 전 경험은 유족들이 사별이라는 현실을 받아들이는 데 도움을 줬다. 한 유족은 "어머니가 죽음을 기꺼이 받아들이는 모습을 보니, 모든 게 더 수월해지는 것 같았어요."라고 말했다. 실제로, 환자를 돌보는 사람들이 임종 전 경험이 환자에게 주는 위안 효과를 신뢰할수록, 그들 역시 더 큰 마음의 위로를 받는다. 죽음을 앞둔 사람들이 위안을 얻으면 간병인들 역시 그 모습을 보면서 위로를 받고 편안한 마음을 갖게 된다. 환자의 가족들이 사별 후 애도 과정을 겪어 나가는 데 있어서 환자의 임종 전 경험이 어떤 역할을 하고 도움을 주는지 이해하고 존중하는 것이 중요하다.

마지막 여정의 안내자

시에라의 경우, 인자한 할아버지가 보이는 환시를 통해 이별을 받아들일 준비를 하는 데 도움을 받았지만, 임종 전 경험에서 안내자 역할을 하는 이들이 꼭 나이가 많거나 더 연륜이 깊은 친지들은 아니다. 가끔은 나이 어린 존재가 나타나기도 한다. 사실, 삶에서 가장 널리 통용되는 가치는 나이나 경험이 아니라 우리가 주고받은 사랑이다.

여든한 살의 로버트는 아내 바바라가 호스피스에 입원하자 자신이 먼저 세상을 떠났으면 좋겠다고 내게 몇 번이나 이야기했다. 로버트는 60년을 함께해 온 바바라를 먼저 떠나보낼 자신이 없었고, 죄책감, 상실감, 절망감, 믿음이 한데 뒤섞인 혼란스러운 감정에 괴로워했다. 그는 바바라 앞에서는 씩씩한 모습을 보였지만, 그녀의 병실을 나서는 즉시 다시 의기소침해지곤 했다.

그러던 어느 날, 바바라가 수십 년 전에 잃었던 남자 아기가 보이는 환시를 겪게 됐다. 바바라는 자기 아들을 향해 손을 뻗었고, 생생한 환시를 겪는 그 짧은 순간 동안 행복하게 웃고 있었다. 아내 곁에서 그 모습을 지켜본 로버트의 눈에 그 순간은 은총으로 가득한 완벽한 순간이었다. 그 장면은 슬픔에 허우적거리던 로버트에게도 커다란 전환점이 됐다. 로버트는 깊은 상실감을 느끼면서도 아내가 꿈을 꾸는 모습을 지켜보면서 삶을 긍정할 힘을 얻을 수 있었다. 실제로 로버트와 바바라 모두 환시를 겪고 난 이후 한층 더 마음이 편해졌고, 함께하는 그 시간을 더 여유롭게 즐길 수 있었다. 사랑을 회복하는 시간이 찾아오면서 바바라는 곧 떠날 준비를 하고 있었고, 편안해 보이는 아내의 모습에 로버트도 안심할 수 있었다.

가족들이 가장 많이 걱정하는 것은 바로 죽음을 앞두고 있는 환자의 안위다. 폴 역시 죽음을 앞둔 아내 조이스가 임종몽을 통해 그녀의 어린 시절을 지탱해 준 아버지의 사랑을 다시 느낄 수 있게 됐다는 사실을 알고 큰 위로를 받았나. 폴은 아내가 편 안한 마음을 갖게 됐다는 사실을 확인한 뒤에야 비로소 그녀를 놓아줄 수 있었다.

몇 년 후 폴이 우리 호스피스에서 주관하는 가정형 호스피스 서비스를 받는 환자가 됐을 때, 폴은 아내의 죽음을 통해 얻게 된 깨달음을 바탕으로 자신의 죽음도 침착하게 받아들일 수 있 었다. 세상을 떠난 아내의 환영을 보기 전부터 그는 편안한 모 습을 보였다. 폴이 가장 많이 꿨던 꿈은 아내 조이스가 가장 좋 아하는 파란색 드레스를 입고 그에게 손을 흔드는 꿈이었다. 폴 은 조이스가 자신은 잘 있으며, 그도 괜찮을 것이라고 안심시켜 주기 위해 미인 대회에서나 볼 법한 '깜찍한 손인사'를 그에게 흔들어 보였다고 내게 말했다.

폴은 자신의 경험에 대해 이야기하기를 좋아했고, 간호사인 그의 딸 다이앤은 아버지의 임종몽 이야기를 들으면서 용기를 얻었다. 다이앤은 "아빠는 임종몽을 통해 많은 것을 얻으셨어 요. 아빠는 기분 좋은 꿈들을 기억하고 싶어 하셨고, 우리도 그 꿈 이야기를 즐겁게 듣곤 했죠. 아빠와 함께한 그 마지막 며칠 은 저희 일곱 형제가 아빠에게 받은 마지막 선물이었어요. 아빠 가 세상을 떠나기 나흘 전 뇌졸중으로 쓰러지자마자 저희 모두 아빠에게 달려갔어요. 저희 형제 중 두 명이 엄마의 임종을 지키지 못한 안타까운 일이 있었기 때문에 당시 그 자리에 다 같이 모이는 게 무엇보다 중요했죠. 저희는 어린 시절을 보냈던 집에서 아빠를 돌보고, 집을 오가는 손님들을 만나고, 돌아가면서 요리를 하고, 아빠와 이야기를 나누며 시간을 보냈어요. 신부님, 가족, 친구, 이웃이 그 집을 오갔죠. 저희는 아빠 덕분에 그렇게 다 같이 모일 수 있었고, 그 시간은 정말 저희에게 엄청난 선물이었어요. 아빠는 말을 하지 못하셨지만, 웃음 짓고 계셨어요. 눈은 반짝반짝 빛나고 있었죠. 아빠는 세상을 떠나기 두어 시간 전까지 그렇게 우리와 함께 있었어요."

죽음을 앞둔 환자가 하는 걱정이나 그 환자를 돌보는 가족들이 하는 걱정은 서로 닮아 있는 경우가 많다. 환자는 가족들의 안위를 걱정하고, 가족들 역시 환자의 마음이 편안한지 알고 싶어 한다.

임종몽과 임종시는 가족들이 사별을 보다 편안한 마음으로 받아들일 수 있게 해 준다. 받아들임은 사별의 아픔을 극복하는 데 매우 중요한 역할을 한다. 임종 전 경험은 허무함, 의심, 두려움이 만들어 내는 그 공허감을 채울 수 있도록 돕는다. 죽음을 앞둔 환자가 임종 전 경험에 몰두하면서 위안을 얻게 되면 죽음의 맥락이 외로움에서 삶에 대한 긍정으로 바뀌게 된다. 이 같은 변화는 환자 자신뿐 아니라 그 가족에게도 큰 영향을 미친다.

유족들이 사랑하는 가족의 임종 전 경험을 통해 얻은 위안 효과는 가끔 그 효과가 몇 년씩 지속되기도 한다. 평생을 약물 중독자로 살면서 딸 브리타니와 관계가 소원해진 드웨인은 죽음의 문턱에서 변화를 겪었고, 그 변화는 딸의 삶에도 영향을 미쳤다. 부녀는 임종 직전에 재회했고, 브리타니는 아버지를 사랑하는 마음을 재확인하며 지난날을 용서할 수 있었다. 전과 달라진 아버지의 모습은 브리타니가 자신의 삶을 바꿔 보겠다는 결심을 하는 데에도 도움을 줬다.

두 사람의 화해는 드웨인이 평생 약물 중독자로 살면서 가장 큰 피해와 상처를 입힌 딸, 그렇지만 또 그가 가장 사랑하는 딸 브리타니의 용서 덕분에 가능했다. 브리타니는 드웨인의 마약 중독으로 아빠 없는 아이가 됐고, 결국 위탁 가정에 보내져 그곳에서 수년간 학대를 받았다. 또 열네 살에는 가출을 했고, 3년을 소년원에서 보냈다. 결국 브리타니도 자기 아버지에게 보고 배운 유일한 위안거리인 마약에 의존하는 삶을 살게 됐다. 드웨인은 자신이 용서받을 자격이 없다고 생각했고, 브리타니도 자신이 아버지를 용서할 수 있으리라고는 생각지 못했다. 그런데 드웨인은 그의 관점을 송두리째 바꿔 놓은 '심판의 꿈'을 꾸게 됐고, 부녀는 결국 다시 만나게 됐다. 드웨인은 자신의 잘못을 속죄하고 싶은 마음이 간절했고, 딸과 진심으로 화해하고 싶었다. 드웨인의 그러한 진심 어린 노력은 브리타니에게도 큰 영향을 미쳤다.

끔찍할 정도로 고통스러운 임종 전 경험을 통해 큰 변화를 겪게 된 드웨인은 자기 아이를 버려뒀던 무책임한 아버지가 아닌, 딸 브리타니의 기억 속에 살아 있던 그 아빠의 모습을 하고 있었다.

"우리 자매들은 맨 나중에 태어난 두 명 빼고는 모두 다 아버지가 달라요. 그런데 다른 자매들도 우리 아빠를 아빠라고 불러요. 우리 모두의 아버지예요. 아버지가 저지른 모든 잘못에도 불구하고 전 아버지의 딸이 된 걸 후회하지 않아요."

이제 브리타니 앞에 있는 아버지 드웨인은 딸에게 자기 자신을 사랑하는 법을 알려 주는 아빠의 모습을 하고 있었다. 브리타니는 드웨인이 자기에게 해 줬던 말을 내게도 들려줬다.

"거리를 기웃거리지 마. 거긴 아무것도 얻을 게 없는 곳이니까. 항상 자신을 존중하고, 가족을 사랑하고, 네가 사랑하고 너를 이롭게 하는 것을 가장 소중히 여기는 여자가 되렴."

드웨인은 자신이 죽음을 앞두고 변하게 된 것도, 그 변화가 딸에게 긍정적 영향을 미친 것도 모두 임종몽 덕분이라고 믿었다. 브리타니 역시 마찬가지였다. 드웨인의 임종 전 경험은 그가 세상을 떠난 뒤에도 그 효과가 지속되는 진정한 파급 효과를 지니고 있었다. 비록 인생의 마지막 순간에 벌어진 일이기는 했지만 삶의 방향을 전환한 아버지를 기리기 위해 브리타니는 자신의 삶도 새롭게 바꿔 나가기 시작했다.

우리는 드웨인이 세상을 떠난 지 2년 만에 다큐멘터리 영화를 위한 인터뷰를 계기로 브리타니와 다시 만날 수 있었다. 이제 스물일곱 살이 된 그녀는 여전히 쾌활하고 카리스마가 넘쳤다. 브리타니는 이제 안정된 직업, 신의가 두터운 친구들, 그리고 목적의식이 있는 삶을 살고 있었다. 외향적인 성향의 브리타니는 즉시 인터뷰에 임했고, 돌아가신 아버지에 대한 기억으로 눈물을 흘리면서도 그녀 특유의 발랄함으로 모두를 안심시켰다. 드웨인을 여전히 생생하게 기억하고 있는 우리를 오랜만에 마주한 브리타니는 감동을 받아 눈물을 보이며 말했다.

"아빠에게 정말 관심을 보이는 사람은 거의 없었어요. 사람들은 어디서 보고 주워 들은 것들만 얘기했죠. 그런 사람들이 아빠에 대해 뭐라 하든 상관없어요. 어차피 그들은 아빠에 대해 잘 모를 테니까요."

사실 그녀는 신경을 쓰고 있었다. 브리타니는 한때 자신이 범죄자라 부르던 자신의 아버지가 마침내 아빠라고 불릴 자격을 가진 사람이 돼 버렸다는 사실에 늘 마음이 쓰였다.

브리타니는 나약한 모습으로 죽어 가고 있던 자신의 아버지가 전혀 다른 사람처럼 변했다는 것을 확인하기 위한 증거 같은 것을 필요로 하지 않았고, 그가 변했다는 확신은 결국 그가 편안하게 세상을 떠났을 것이라는 그녀의 믿음을 뒷받침해 줬다. 브리타니는 드웨인을 무척 자랑스러워했다. 책과 다큐멘터리에 나올 드웨인의 이름을 가명으로 바꾸자는 우리의 제안을 비웃을 정도였다.

"우리는 가짜가 아니에요."

그녀가 고개를 꼿꼿이 치켜들며 말했다.

"정확히 드웨인 얼 존슨이에요. 드웨인. 얼. 존슨."

브리타니는 따뜻하면서도 위엄 있는 목소리로 우리에게 반복해 말했다. 나는 브리타니가 자신의 문신 이야기를 할 줄 알았지만, 그녀는 언급하지 않았다. 그녀의 팔에는 드웨인이 태어나고 사망한 날짜, '아빠Dad'라는 단어, '고이 잠드소서RIP'라는 표현이 새겨져 있었다. 브리타니는 이제 자신의 사랑을 굳이 드러내 보일 필요가 없었다. 이미 그 사랑은 그녀의 일부가 돼 있었다.

슬픔 속에서
빛을 찾는 법

슬픔의 감정은 사랑의 감정과 비슷하다. 그 두 감정 모두 시공간을 초월해 우리도 모르는 사이 삶을 물들인다. 그 두 감정은 세상을 떠난 사람뿐 아니라 그를 떠나보내고 애도하는 자신을 향해 있다. 사별을 겪고 난 이후의 애도 과성은 예측이 불가능하고 쉽지 않은 길이 될 수도 있지만, 그 과정이 꼭 절망적인 것은 아니다. 환자가 생전에 겪었던 임종 전 경험이 유족에게 어떤 식으로 도움이 될 수 있는지에 대한 이해를 바탕으로 그 유족이 겪어 나갈 애도 과정을 존중하는 것이 중요하다.

슬픔을 달래 주는 임종몽과 임종시의 힘은 어린아이를 떠나보낸 부모에게 특히 큰 도움이 될 수 있다. 제시카의 엄마 크리스틴과 지니의 엄마 미셸 두 사람 모두 죽음이 아이 혼자 멀리 떠나야 하는 여행이라는 생각에 괴로워했다. 크리스틴과 미셸은 딸을 위해서라면 못할 것이 없는 천하무적 같은 엄마들이었지만, 이제 그들 앞에 더는 어떻게 할 수 없는 갑갑한 현실이 버티고 서 있었다.

죽음을 앞둔 아이가 죽음이라는 미지에 대한 공포에서 벗어나 서서히 그 상황을 받아들이는 모습을 바라보면서 가슴을 쓸어내리는 부모의 그 애달픈 모습은 말로 다 표현할 수가 없다. 미셸의 경우, 지니가 마지막으로 꾼 꿈을 통해 딸의 죽음이 임박했다는 사실을 알게 됐고, 딸이 그 꿈을 꾸고 난 이후 자신도 마음의 위안을 얻을 수 있었다. 실제로 지니는 하나님에 대한 임종몽을 꾸고 난 다음부터 15분마다 미셸을 부르던 행동을 멈췄고, 숙면을 취할 수 있게 됐다. 또 딸이 그 임종몽을 꾼 뒤로 미셸 역시 설명하기 어려울 정도로 마음이 진정되면서 편안함

을 느꼈고, 그제야 그녀는 마음을 가다듬고 딸의 장례식과 관련
된 것들을 하나둘 알아볼 수 있었다. 강인한 엄마답게 미셸은
딸의 장례식을 정성껏 잘 치르고 딸이 남긴 소중한 삶의 유산을
제대로 기리고 싶었다.

많은 유족들이 하나님, 천사, 사후 세계, 천국에 대한 믿음을
바탕으로 죽음을 앞둔 가족의 임종 전 경험을 이해하고 받아들
이게 된다. 불가지론자에 가까운 미셸 역시 그랬다. 딸 지니가
하나님과 마지막 대화를 나누는 환시를 겪고 나자 미셸은 자신
의 신념 체계에 의문을 갖게 됐고, 딸이 자신의 죽음을 이해하
고 받아들이는 것처럼 미셸도 그 환시가 지닌 의미를 자연스럽
게 이해하고 받아들였다.
"누가 알겠어요?"
미셸은 두 손을 들어 올리며 자기도 잘 모르겠다는 듯이 웃
으며 말했다.
"지니가 말한 성이 있을지도 모르죠. 이제 무엇을 믿어야 할
지 잘 모르겠어요."
다른 많은 사람과 마찬가지로 미셸도 종교적인 신념이 부족
함에도 불구하고 지니의 임종 전 경험을 이해하고 설명하기 위
해 종교에 의지하는 모습을 보였다. 어떤 사람들은 임종 전 경
험을 초자연적인 현상으로 이해하고 설명하기도 한다. 사랑하
는 가족의 임종 전 경험을 각 가족이 어떻게 이해하고 설명하느

냐는 별로 중요하지 않다. 우리가 주목해야 할 점은 임종 전 경험을 해석하는 관점과는 별개로, 그 경험을 목격하는 것이 상실의 아픔을 겪으며 사별이라는 현실을 받아들여야 하는 유족에게 어떤 도움이 되느냐는 것이다.

임종 과정에서나 애도 과정에서나 늘 변치 않는 욕구가 하나 있다. 바로 사랑하는 사람과 연결돼 있기를 바라는 마음이다. 임종 전 경험의 치료적 특성은 충분히 다 설명할 수 없을 정도의 다양한 방식으로 유족에게까지 그 영향을 미치고 있다. 죽음을 앞둔 환자들과 마찬가지로 유족들에게도 사랑하는 가족과 다시 만날 수 있으리라는 믿음은 큰 위안이 될 수 있다. 그러한 믿음은 그들이 세상을 떠난 가족과의 끈끈한 유대감을 계속 유지해 가면서도 그 가족이 더 이상 존재하지 않는 삶에 보다 잘 적응할 수 있도록 해 준다. 그 위안 효과를 수치로 측정할 수 있고 없고를 떠나, 그 효과가 뚜렷하게 나타나고 있는 게 엄연한 사실이다.

크리스틴과 미셸 모두 자기 아이의 죽음이 모녀 사이를 갈라놓을 거라고 전혀 생각하지 않았다. 오늘날까지 그 두 사람은 매일 딸에 대한 이야기하고 딸에게 말을 건다. 그들은 크리스마스 연휴 때마다 딸을 위해 집을 꾸민다. 그 이유를 묻자 미셸은 "지니가 그렇게 해 주길 바랄 거예요."라고 답했고, 크리스틴은 "제가 한 해라도 크리스마스 장식을 건너뛰면 제시카가 속상해할 거예요."라고 말했다.

사별로 인한 슬픔은 쉽게 극복할 수 있는 감정이 아니다. 체계적인 단계를 거쳐 극복할 수 있는 그런 감정도 아니다. 그 슬픔을 다루는 방법이나 순서가 따로 정해져 있는 것도 아니다. 사별로 인한 슬픔은 어떤 때는 서서히 누그러지다가 또 어떤 때는 갑자기 북받쳐 오르기도 한다. 밀려왔다가 밀려가기를 끊임없이 반복하면서, 절망과 희망을 번갈아 들락거리면서, 그렇게 조금씩 나아가고 살아가고 감당해 나가야 하는 감정이다.

우리의 인생은 곧 우리가 공유하는 삶이자 역사이기 때문에 임종 전 경험에 서로 공감할 수 있는 세계가 담겨 있다는 사실은 전혀 놀랍지 않다. 죽음은 우리를 자기 성찰과 반성으로 이끌고 어둠 속에서도 계속 빛나는 빛을 발견할 수 있게 해 준다. 사별이 하나의 사건에서 평생의 여정으로 뒤바뀐 후에도 마찬가지다. 그 빛은 사방으로 멀리 그리고 넓게 퍼져 나가는 빛이며, 다른 모든 언어가 우리를 실망시킬 때에도 끝까지 우리를 밝혀 주는 빛이다.

10장

꿈의 해석 그 너머에

해석은 필요하지 않다

인생은 해결해야 할 문제가 아니라
살아내야 할 미스터리다.

— 토머스 머턴THOMAS MERTON

죽음 이전의 경험에
분석은 필요 없다

　일흔세 살의 제럴딘은 폐암 말기 판정을 받은 은퇴한 교도관이었다. 내가 제럴딘을 처음 만났을 때, 그녀는 자기 자신을 '오토바이 타던 여자'라고 소개했다. 제럴딘은 나와 같은 전문가가 찾아가 그 의미를 생각해 보도록 유도해도 자신의 임종 전 경험이 지닌 의미를 밝히는 데에는 별 관심을 보이지 않았다. 그녀는 자기 자신에 대한 후회나 안타까움 같은 것도 없었다. 오히려 자신의 임종몽과 임종시를 무관심한 관찰자처럼 무덤덤한 태도로 묘사했다. 그녀가 살아온 이야기를 들어 보니 그 이유를 알 수 있었다. 제럴딘은 그야말로 파란만장한 삶을 살아온 사람이었기 때문에 웬만한 일에는 눈썹 하나 까딱하지 않았다.

　제럴딘은 자신이 겪은 끔찍한 이야기들을 내게 숨김없이 털어났다. 그녀는 어린 시절에 성적 학대를 받고 수년간 방치되다 버림받았다. 이후 가정 폭력, 제멋대로 행동하는 아이들, 학대, 별거로 얼룩진 결혼생활도 여러 번에 걸쳐 실패를 거듭했다. 제럴딘은 간담을 서늘하게 하는 사건들도 그냥 웃어 넘겼다. 그녀는 자신이 겪은 트라우마를 치료하고 극복할 생각은 하지 않고, 웃고 떠들기 위한 콩트나 일화인양 아무렇지 않게 이야기했다.

트라우마는 그녀 안에 분명한 흔적을 남겼지만, 제럴딘은 뻔하고, 웃기고, 심지어 가벼운 이야기로 바꿔 말하면서 마음속 상처를 애써 외면했다. 어쩌면 자신의 트라우마를 진부한 이야기로 각색해 말하는 것이 그 상처와 거리를 둘 수 있는 유일한 방법이었는지도 모른다. 아니면 자신의 트라우마를 어떻게 다뤄야 할지 몰랐을 수도 있다. 어느 쪽이든 제럴딘은 끔찍한 삶에서 살아남은 생존자였다. 제럴딘의 감정적 상처들은 오랫동안 방치돼 있었고, 과거의 일들은 차라리 묻어 두는 게 나을 듯한 삶을 살아왔다. 그런 삶을 살아온 그녀에게는 지나온 과거를 되돌아보는 일보다 사랑이 더 중요하고 절실했다.

제럴딘의 긴 생애에서 무조건적이고 따뜻하며 가장 기억에 남는 확실한 사랑은 바로 어머니에게 받았던 사랑이었다. 제럴딘은 임종 전 경험을 통해 그녀의 유일무이한 사랑의 원천, 즉 그녀를 사랑해 준 유일한 존재, 그녀가 이 세상을 떠나면 그곳에서 자기를 기다려 줄 어머니를 다시 만났다.

꿈 해석 전문가인 켈리 벌켈리Kelly Bulkeley와 패트리샤 벌클리 Patricia Bulkley 목사는 공동 집필한 책《죽음 그 너머를 꿈꾸다: 임 종몽과 임종시 안내서Dreaming Beyond Death: A Guide to Pre-Death Dreams and Visions》에서 환자들이 꾸는 임종몽을 반드시 해석할 필요는 없으 며, 가끔은 그들을 가만히 내버려 둔 채 곁에서 지켜보는 게 가 장 좋다고 말한다. 제럴딘의 상황에 아주 딱 들어맞는 말이었 다. 죽음을 앞둔 사람들을 돌보는 우리는 가끔 아무 간섭도 하 지 않고 그저 곁에 머물러 주는 것이 환자에게 가장 큰 도움이 될 수 있다는 것을 알고 있다. 환자들이 꾸는 임종몽의 효과를 입증하는 데 반드시 그 꿈에 대한 해석이 필요한 것도 아니다. 삶의 끝자락에서 제럴딘은 어머니에 대한 꿈을 꿀 때면 마음이 든든했고 편안했고 기분이 좋아졌다. 그녀가 필요로 했던 것은 그게 다였다.

관련 분야 서적에서 임종 전 경험을 논할 때, 보통 정신 분석 (프로이트)이나 분석 심리학(칼 융) 같은 꿈 분석과 관련된 관점 을 바탕으로 이야기하는 경우가 많다. 즉 임종몽을 논할 때 우 리가 일상적으로 꾸는 꿈과 구분하지 않고 접근하는 경우가 많 기 때문에 임종몽을 잠재된 불안이나 욕망이 투영된 꿈, 혹은 대응 기제로 해석하는 경우를 자주 볼 수 있다. 임종몽은 환자의 내면세계를 에워싸고 있는 수수께끼 같은 것으로 인식되고, 꿈의 해석은 그 수수께끼를 푸는 열쇠가 되는 것이다. 그런데 그런 방식으로 접근하면 임종몽은 해답을 필요로 하는 문제처럼 인식되기 시작한다.

그런 접근법과는 대조적으로 실제로 환자들의 임종 전 경험은 더 이상의 질문이 필요 없는 답을 제시한다. 임종 전 경험은 문제의 시작이라기보다는 문제의 해결에 더 가깝다. 임종 전 경험은 환자의 삶을 재조명하면서 환자를 편안하게 해 주고, 선견지명을 갖게 해 주며, 삶을 수정할 수 있게 해 주는 청사진과 같다. 사랑으로 충만한 상태의 환자에게 죽음은 부수적인 문제일 뿐이다.

임종 전 경험은 이성적인 사고를 바탕으로 하는 현상에 관한 것이 아닌 소통과 연결에 관한 이야기이며, 현실을 초월하는 관점으로 접근할 때 비로소 제대로 이해할 수 있는 영역이다. 실제로 '뛰어넘음'이라는 의미를 지닌 초월이라는 말에 걸맞게 임종 전 경험은 우리의 평범하고 일상적이고 한정된 경험과는 전혀 다른 곳으로 우리를 데려 간다. 우리가 임종 전 경험을 이야기할 때 '꿈'이라는 표현을 사용하는 이유는 죽음의 문턱에서 무슨 일이 일어나는지를 설명해야 하는 상황에서 꿈이라는 개념이 그나마 가장 친근한 기준점이 될 수 있기 때문이다. 죽음을 앞둔 환자들을 돌보는 일을 오래하면 할수록, 그들의 임종 전 경험을 단순히 꿈이라는 범주로 분류하여 설명하는 데 더 불편한 마음을 느낀다. '임종 전 경험'이라는 표현이 환자들이 겪는 임종 과정을 표현하기에는 더 정확한 표현이라 할 수 있다. 임종 과정에서 환자들이 겪는 경험과 일반 사람들이 꾸는 꿈을 혼동하거나, 일반적인 꿈을 해석하는 관점으로 임종 전 경험에 접근해서는 안 된다.

사실 임종몽을 이해하기 위해 해석적 접근을 필요로 하는 환자는 거의 만나 본 적이 없다. 죽음이 임박한 이 시기는 치료적 개입이나 꿈에 대한 해석을 하고 있을 시기가 아니다. 삶의 여정은 끝났다. 삶이라는 무대의 커튼은 이미 내려졌다. 그 시점에서 이뤄지는 꿈에 대한 분석이 환자를 위한 것인지 의사를 위한 것인지 한 번쯤 생각해 볼 필요가 있다.

해석하는 게 아니라
느끼는 것

존 스틴슨 같은 참전 용사는 67년에 걸친 자기 성찰을 통해서도 얻지 못한 깨달음을 하룻밤 사이에 겪은 임종 전 경험을 통해 얻었다. 죽음의 문턱에서는 꿈과 현실 사이에 존재하는 거리감이 사라지곤 한다. 환자들은 임종 전 경험이 평소 자신들이 꿨던 꿈들과는 다르다는 이야기를 한다. 그들은 임종 전 경험을 통해 더 생생하고 깊은 경험을 한다. 환자들은 그 경험이 '실제보다 더 실제 같다'고 이야기하곤 한다. 제럴딘은 어머니의 팔이 침대 위에서 뻗어 나왔던 광경을 설명하면서 상상 속 경험이 아닌 실제로 경험한 일처럼 생생하게 묘사하기도 했다.

환자들이 임종 전 경험에 대한 설명을 듣고 싶어 할 때에도 그에 대한 해석을 원하는 경우는 드물다. 그들의 관심은 임종 전 경험을 통해 그들이 보고 느끼고 경험했던 것에 주로 집중돼 있다. 환자들이 임종 전 경험의 내용보다 더 중요하게 생각하는 것은 그 경험을 통해 회복된 관계와 채워진 욕구다. 바로 이 점이 일반적인 꿈과 임종몽을 구분하는 가장 큰 특징이라 할 수 있으며, 이는 정신 분석 모델을 바탕으로 임종 전 경험을 이해하는 데에는 한계가 있을 수 있음을 시사한다.

임종몽은 비전형적이기 때문에 일반적인 꿈에 적용하는 해석 방식으로는 제대로 분석하고 이해하기가 쉽지 않다. 임종몽에는 상징적인 요소도, 추상적인 요소도, 숨겨진 의미도 많지 않다. 임종몽을 꾸는 사람은 그 꿈에 등장하는 인물과 거의 대화를 하지 않는 반면에 많은 것을 느끼고 자연스럽게 이해하는 양상을 보인다. 임종몽에서 주고받는 말이나 언어는 별 의미가 없거나 불필요한 경우가 많다. 임종몽을 꾸는 사람들은 대부분 직관적으로 의미를 인식하기 때문이다. 패트리샤가 임종몽에서 아홉 살짜리 어린아이로 돌아가 병상에 누워 있는 자신의 어머니와 깊은 교감을 나눌 수 있었던 것은 그녀가 꿈속에서 내뱉은 말 때문이 아니었다. 제시카의 반려견 섀도는 그 아이의 꿈속에서 말을 하기는커녕 짖지도 않았지만, 믿음직스러운 안내자 역할을 아주 훌륭히 해냈다.

죽음을 기록한
일기장

제럴딘은 자신의 임종 전 경험에 의미를 부여하고 싶어 하지 않았지만, 로즈메리는 그 반대였다. 로즈메리는 임종몽을 분석하고 설명하고 이해하려고 했다. 그녀는 자신의 죽음에 대해 더 많은 것을 알 수 있기를 간절히 바라면서 기대에 부푼 마음으로 잠자리에 들곤 했다.

일흔 살의 로즈메리는 버펄로 출신으로 고등학교 시절에 만난 남자 친구와 결혼했고, 평생 버펄로에서 살면서 학생들을 가르쳤다. 우리가 진행하던 프로젝트를 통해 그녀에게 접근했을 때, 그녀는 죽음에 내재한 지혜를 설명할 기회를 얻게 된 것을 매우 기뻐했다. 로즈메리는 직장생활을 하며 평생 갈고 닦아 온 글쓰기 실력을 발휘해 자신의 경험을 기록하기 시작했다. 로즈메리는 죽음이 가까워지자 자신의 꿈 이야기와 사색을 담은 일기를 매일 열심히 써 내려가며 자신의 임종 전 경험을 분석했다. 로즈메리는 평생을 배움에 헌신하는 삶을 살아온 사람답게 눈을 감을 때까지 호기심을 잃지 않았다.

로즈메리가 남긴 글을 보면, 그녀가 자신이 꾼 꿈에 함축된 의미를 알고 싶어 했고, 우리를 위해 그 의미를 해석하려고 애썼다는 사실을 분명히 알 수 있었다. 예컨대, 로즈메리가 군중에서 벗어나 홀로 서 있는 꿈을 꿨을 때, 그녀는 눈물이 핑 돌았다고 설명하면서 이렇게 적었다.

"꿈속의 그 모습이 정확히 무엇을 의미하는지는 잘 모르겠다. 나는 곧 이 세상을 떠나게 될 것이고 다른 사람들은 여전히 이곳에 머물 것이라는 의미가 아닌가 싶다."

또 자신이 장례식장 안에 혼자 있는 모습이 꿈에 보였을 때에도 크고 아름다운 꽃들로 가득한 장례식장으로 자신이 들어서던 순간을 아주 생생하게 묘사했다.

로즈메리가 꾼 꿈들은 너무나 생생해서 그녀는 그 꿈들을 통해 기쁨과 행복을 느낄 수 있었고, 그 덕분에 죽음이 두렵지 않다고 적었다. 그녀는 꿈 내용에 의미를 부여하고 더 깊은 사색을 하면서 죽음을 두려워하는 마음에서 받아들이는 마음으로, 죽음을 받아들이는 마음에서 사랑을 느끼고 안심하는 마음으로 서서히 옮겨 갔다. 로즈메리가 세상을 떠난 후, 우리는 그녀가 우리 연구 팀 멤버에게 그녀의 일기장을 남기고 떠났다는 사실을 알고 깊은 감동을 받았다.

로즈메리와 제럴딘 두 사람 모두 자신이 살아온 대로 죽음을 맞이했다. 그렇기 때문에 그들은 임종몽과 임종시 역시 정반대의 방식으로 경험하고 해석했다. 보통 우리는 죽음 앞에서 평등하다고 이야기하면서, 평등하다는 말을 동일하다는 말로 착각하기도 한다. 죽음 앞에서 우리가 평등할 수 있는 것은 우리가 서로 다르기 때문이다. 심지어 어떤 이들은 환자로 분류된 사람들은 서로 비슷할 것이라고 가정하기도 하는데, 사실 환자라고 불리는 사람들이 가진 유일한 공통점은 그들이 질병을 가지고 있다는 사실뿐이다. 죽음은 질병의 끝 그 이상의 의미를 지닌다. 다른 누구와도 닮지 않은 한 개인이 자신만의 고유한 생을 마감하는 일이다.

죽음을 앞두고 로즈메리는 자기 내면의 핵심 자아와 다시 연결되기 위해 힘썼고, 제럴딘은 그것을 회피했다. 로즈메리가 임종 전 경험을 이해하고 받아들이는 방식이 분석적이었다면, 제럴딘의 방식은 보다 직관적이었다. 그러나 두 사람 모두 임종 전 경험을 통해 자신이 잃었던 것과 다시 조우했다. 그들은 비슷한 정신적 변화를 겪어 결국 같은 곳에 도달하게 됐다. 엄마가 딸을 보는 경험이든 딸이 엄마를 보는 경험이든 그 내용에 상관없이 그 두 사람이 변화를 거쳐 결국 다다른 주제는 다름아닌 사랑이었다.

임종몽과 임종시는 어떻게 해석이 되든 상관없이, 환자들을 평화의 길로 안내한다. 핵심은 그 경험을 해석하는 데 있는 게 아니라 체험하는 데 있다.

사회 운동가이자 문화 평론가인 수전 손택도 1966년 출간한 《해석에 반대한다Against Interpretation》에서 인간의 상상력과 변신 능력이 동원되는 영역, 즉 예술에 대한 접근 방식을 이야기하면서 해석에 반대하는 주장을 펼쳤다. 그녀는 예술의 정신적 힘을 지적 관념보다 경시하는 접근법을 '지식인이 예술에 가하는 복수'라고 주장하면서 문제 제기를 한 것으로 유명하다. 죽음도 예술과 비슷하다. 죽음을 앞둔 당사자가 아닌 관찰자 입장에서는 죽음을 충분히 경험하고 이해할 수 없다. 죽음의 과정을 이야기하는 것은 그것을 실제로 경험하는 이들의 특권이다. 그러므로 임종 전 경험은 비판적 통찰과 판단만으로는 이해할 수 없으며, 죽음에 대한 주관적인 관점을 배제하고 접근할 때 임종 전 경험의 효과를 가장 잘 이해할 수 있을 것이다. 우리가 예술 작품을 있는 그대로 존중하고 받아들여야 하는 것처럼.

꿈은 일반적으로 우리가 잠에 빠져 있다는 사실을 의미하는 반면에, 임종 전 경험은 종종 우리를 잠 못 이루는 새로운 현실로 이끈다. 이 같은 현상은 13세기 페르시아의 신비주의 시인 루미가 쓴 '해석이 필요한 꿈The Dream That Must Be Interpreted'이라는 반어적 표현이 담긴 제목의 시에 "우리가 잠든 것처럼 보이지만,

우리 안에는 꿈을 지휘하는 존재가 있어, 결국 우리의 본래 모습을 보여 주면서 우리를 놀라게 하겠지."라는 시구로 표현돼 있다. 나는 루미와 달리 임종몽을 해석하는 것은 중요하지 않다는 주장을 고수할 테지만, 루미의 시는 삶과 죽음이 하나가 되는 순간에 대한 인식을 아름답게 표현하고 있다. 그 순간은 우리의 꿈이 현실이 되는 순간이고, 우리를 둘러싸고 있는 물질세계보다 임종 전 경험이 더 실제처럼 느껴지는 순간이다.

어떤 환자들은 자기 안으로 침잠해 꼭 필요한 말만 하기도 한다. 또 어떤 환자들은 왕성한 지적 활동과 활발한 소통을 죽음 직전까지 이어 가기도 한다. 심지어 죽음을 간절히 바랄 정도로 병이 악화된 시점에서도 그들은 그 욕구를 끝까지 포기하지 않는 모습을 보이기도 한다. 그러나 환자가 어떤 유형에 속하든 간에 환자 대부분은 임종몽과 임종시를 통해 위안 효과를 얻는다. 그렇다면 중요한 것은 임종몽의 존재론적 기원을 밝히는 것이라기보다 임종몽에 정당성을 부여하는 것이라 할 수 있다. 환자, 가족, 의료 전문가에게는 임종몽의 치료적·실존적·경험적 가치가 항상 최우선이다.

인생의 마지막 단계를
이해하는 일

　임종 과정이 정신적·감정적 형태의 위안을 가져온
다는 사실을 인정하는 것이 중요하다. 그 위안 효과는 구체적이
고 생생한 임종 전 경험에 뿌리를 두고 있지만, 동시에 초월적
특성을 보이기도 한다. 죽음이 임박하면서 경험적인 것과 정신
적인 것, 몸과 마음, 현재와 과거, 의식과 무의식 사이의 경계는
편안하고 평온한 공간에 초월성을 부여하기 위해 사라지는 것
처럼 느껴지곤 한다.
　우리 모두는 상처받은 적이 있거나 상처를 안고 살아간다.
그러나 임종 전 경험은 용서, 사랑, 재회를 통해 우리를 다시 온
전하게 만드는 것처럼 보인다. 즉 오랜 상처는 시공간의 경계가
사라지고 삶에서 중요한 것들만 남으면서 서서히 치유된다. 삶
의 마지막 단계에서 우리에게 해를 끼친 사람들은 배제하고 우
리를 돌보고 가장 많이 사랑해 준 사람들은 기꺼이 인정하고 받
아들이는 일종의 최후의 심판 같은 게 있는 것 같다. 완성된 원
이라 함은 삶에서 가장 행복했던 순간을 복원하고 그 순간으로
되돌아가는 것을 의미할 것이다.

　나는 환자들이 겪는 임종 전 경험의 정신적 특성을 존중하는
한편, 동시에 좋은 의사가 되기 위해 최선을 다해 왔다. 이제 나

는 좋은 의사가 되기 위해서는 임종 전 경험의 정신적 특성을 이해하고 존중하고 입증할 수 있어야 한다는 것을 안다. 죽음은 물리적 현상 그 이상의 의미를 지닌다. 그리고 존엄한 죽음은 존엄한 삶과 마찬가지로 생체 의학 과정보다 정신적 과정과 더 깊은 관련이 있다. 죽음에 대한 이 같은 이해는 전혀 새로울 게 없다. 시인 라이너 마리아 릴케는 "나는 병원에서 죽고 싶지 않다. 나는 내 방식대로 죽음을 맞이하고 싶다."고 했다. '좋은' 죽음이란 자신이 원하는 방식대로 삶을 마무리하는 죽음이지 숙련된 의학적 개입이 그 죽음의 질을 좌우하는 게 아니다.

사람들은 죽음 앞에서 비로소 오랜 공포에서 벗어나 새로운 자아를 되찾곤 한다. 우리의 온전한 자아는 오랫동안 누적된 스트레스, 기대, 불행, 부정적 감정으로 한동안 그 자취를 감췄다가 죽음이 임박하면 다시 그 모습을 완전히 드러낸다. 임종 과정을 통해 온전한 자아가 서서히 드러나는 동안 환자들은 먼저 세상을 떠난 사랑하는 사람들과 다시 만나게 되고, 그 관계를 통해 무조건적인 사랑을 다시 체험한다. 그들은 또 외부 세계에서는 불가능했던 일들이 가능해지는 새로운 세계를 발견하게 된다.

서양 문화에서는 유독 죽음을 앞둔 사람들의 마지막 말에 집착하는 경향이 있는데, 실제 죽음의 현실과는 동떨어진 설정이라 할 수 있다. 유명 인사의 유언이나 문학 작품에 나오는 유언 등 세상에 잘 알려진 표현들을 접하면서 삶의 마지막 순간에 어떤 중요한 말을 하거나 중요한 경험을 할 수도 있다는 사실을 이해할 수도 있지만, 사실 그러한 표현들은 과장된 측면이 있는 것 같다. 그러한 표현들은 우리로 하여금 유언은 잊지 못할 가슴 뭉클한 말, 삶에서 가장 중요한 깨달음, 통찰 등이 담겨 있을 때에만 그 가치가 있다고 생각하게 만든다.

하지만 삶의 마지막 여정을 과장해 묘사하는 경우는 없다. 임종 전 경험은 심오한 철학이나 종교적인 특성을 담고 있는 경우가 드물다. 임종 전 경험은 실존적 질문, 종교적 통찰, 심판, 심금을 울리는 말과는 좀 거리가 멀다. 임종 전 경험은 보통 우리가 일상생활에서 겪는 일, 가족, 연인, 반려동물에 대한 꿈이나 환시를 바탕으로 이뤄진다.

보통 죽음을 앞둔 사람들은 재구성된 관계들을 통해 다시 하나가 되고 다시 온전함을 느끼게 된다. 임종 전 경험을 통해 새로워진 자아는 우리가 이 세상에서의 마지막 여정을 무사히 헤쳐 나갈 수 있도록 해 준다. 환자들은 종종 꿈속에서 더 젊고 건강하고 활기찬 자기 모습을 발견하고, 역설적으로 들릴지 모르지만 그 꿈속의 모습을 현실보다 더 자기 본연에 가까운 참 자기true self로 느끼게 된다. 신학자이자 심리 치료사인 모니카 렌즈Monika Renz는 이렇게 꿈속 자아와 연결되는 영적 체험이 몸과 마음, 의식과 무의식 사이에 있는 경계 영역, 혹은 '경계 공간liminal space'에서 일어나는 현상 중 하나라고 설명한다. 억압된 자아와 연결되든 아니면 타자와 연결되든지 간에 환자 대부분은 자신이 임종몽과 임종시를 통해 참 자기를 회복하고 발견하는 체험을 겪었다고 증언한다.

여러 삶의 경계를 가로질러 회복된 관계는 메리가 임종 직전 오래 전에 세상을 떠난 자기 아기를 안고 흔드는 모습이나 시에라의 엄마가 딸을 마지막으로 안아 주기 위해 딸의 침대 위에 올라가 앉는 모습으로도 설명할 수 있을 듯하다. 열여섯 살의 산드라 역시 임종몽이라는 영적 체험을 통해 도움을 받았다. 그녀의 부모는 딸에게 죽음이 임박했다는 사실을 알리지 않고 싶어 했다. 산드라에게 종교는 꿈속에서 힘겹게 산에 올라 마침내 고통에서 벗어나게 해 주는 천사를 만나는 자기 모습을 볼 수 있게 해 주는 렌즈가 돼 줬다. 그 꿈속 여정은 분명히 죽음을 상징했지만, 산드라는 그 꿈을 꾸고 난 후에 삶을 더 긍정하게 됐다.

가족, 사랑, 용서

죽음의 정신적·신체적 측면이 지닌 불가분의 관계에도 불구하고 환자들의 임종 전 경험에서 종교적인 내용을 발건하는 경우는 사실 드물다. 이 책에는 종교적 주제와 관련된 꿈을 꾼 환자들의 여러 사례가 담겨 있지만, 우리가 가지고 있는 사례 전체와 비교하면 매우 드물게 관찰되는 주제다. 다른 연구자들 역시 종교적 내용과 관련 있는 임종몽과 임종시는 거의 찾아볼 수 없다는 비슷한 연구 결과를 내놓았다. 임종 전 경험에서 종교적 내용이 거의 관찰되지 않는다는 사실이 다소 역설적으로 들리기는 하지만, 그 사실에 큰 의미를 부여할 필요는 없다. 사실 가족이 우리의 첫 번째 교회나 다름없고, 종교의 교리는 사랑과 용서다. 임종 전 경험을 대표하는 주제 역시 가족, 사랑, 용서다.

매사추세츠주에서 호스피스 채플린으로 일하는 케리 이건의 글에는 이 세 가지에 대한 통찰이 담겨 있다. 그녀는 간결하지만 흡입력 있는 기고문 '믿음: 사람들이 죽기 전에 하는 말My Faith: What People Talk About Before They Die'에서 대화를 나누고 싶어 하는 말기 환자들의 병실을 찾아가 그들을 만나면, 보통 하나님이나 심오한 영적 질문이 아닌 그들의 가족이나 사랑에 대한 이야기를 나누게 된다고 밝혔다. 케리는 기고문에 이렇게 적었다.

"환자들은 자기가 느낀 사랑, 주지 못한 사랑, 받지 못한 사랑, 어떻게 베풀어야 할지 몰랐던 사랑 등에 대해 이야기한다. (…) 그들은 채플린에게 가족 이야기를 한다. 그들에게는 가족에 대한 이야기가 곧 하나님에 대한 이야기이며, 삶에 대한 이야기이기 때문이다. (…) 우리는 가족 안에서의 삶, 즉 가족 안에서 태어나고, 가족을 이루고, 우리가 선택한 친구들과 가족이 되는 삶을 산다."

성공하기 위해 수없이 많은 관계를 희생해야 하는 이 세상에서, 죽음을 앞둔 사람들의 꿈은 우리의 인간관계가 우리 삶의 목적과 진정한 업적을 밝히고 규정하는 세상을 마음속에 그릴 수 있게 해 준다.

하나님을 직접 언급하지 않는다고 해서 케리가 자신의 종교적 신념을 따르는 데 문제가 되지는 않는다. 그녀는 죽음을 앞두고 환자와 가족들이 나누는 그 사랑 안에 하나님과 하나님의 가르침이 존재한다고 말한다. 그녀는 "하나님이 곧 사랑이고, 그것을 우리가 믿는다면, 사랑에 대한 배움이 곧 하나님에 대한 배움이다. 사랑을 맨 처음 배우기 시작해 맨 마지막으로 배울 수 있는 교실은 바로 가족이다."라고 설명했다.

환자의 병상을 지키면서 나는 평화로운 항복과 행복을 이끌어 내는 조용한 과정, 환자들을 아픔과 고통의 문턱 그 너머로 데려 가는 은혜와 영성을 수없이 지켜봐 왔다. 그러나 임종몽이 영적인 특성을 지녔다는 것은, 경험적인 측면에서 볼 때 그렇다는 것이지 내용적으로 그렇다는 이야기가 아니다. 임종몽은 생각을 바꾸고 만족감을 준다는 의미에서 영적이다. 임종몽은 자기 자신의 가장 구석신 곳에서 촉발된 가장 내밀하게 벌어지는 과정과 연관이 있다는 점에서 영적이라 말할 수 있다. 임종몽은 우리를 두려움과 고통에서 해방시켜 주고 우리를 서로 연결시켜 준다는 점에서 영적이다.

죽음이라는 생물학적 현상에서 자유로울 수 있는 인간은 없다. 자신의 죽음이나 자신의 병을 바라보는 타인의 시선을 똑바로 보기 위해서는 엄청난 용기와 회복력이 필요하다. 환자들의 임종몽과 임종시는 그러한 내면의 힘이 가시적으로 나타난 일종의 징후라 할 수 있다. 임종 전 경험은 죽음을 앞둔 환자들이 진정한 자아, 먼저 떠나보낸 사랑하는 사람들, 자신들을 보살펴 준 사람들, 자신들을 위로하고 편안하게 해 준 사람들과 재회할 수 있도록 돕는다. 환자들은 안내, 위안, 용서, 사랑을 통해 자신들의 욕구를 채우게 된다. 이러한 내적 조화와 깨달음을 얻기 위해 교회에 나가는 사람들이 많지만, 어떤 사람들은 그럴 필요가 없다.

우리가 죽는 순간, 영적 변화는 이제 더 이상 외부에서 일어나지 않는다. 그 변화는 우리 존재의 가장 깊은 곳에서 일어난다. 우리가 죽음을 서서히 받아들이기 시작할 때, 질병과 죽음은 비로소 우리의 존재를 긍정하는 영적인 길로 우리를 인도한다. 호스피스 채플린인 케리는 이렇게 말했다.

"우리는 하나님을 이야기하기 위해서 종교적 언어를 사용할 필요가 없다. 죽음에 임박한 사람들은 종교적 언어를 거의 사용하지 않는다. 우리 아이들에게 하나님의 가르침을 제대로 전하고 싶다면, 죽음을 앞둔 사람들에게 그 방법을 배워야 한다. 그들은 서로를 온전히 사랑하고 서로를 전적으로 용서한다. 우리 모두가 어머니, 아버지, 아들, 딸에게 사랑받고 용서받기를 간절히 바라는 것처럼, 그렇게 그들을 사랑하고 용서하면 된다."

의술이 존경받는 곳이라면
모름지기 인간애도 있기 마련이다.

— 히포크라테스HIPPOCRATES

내 인생에서 가장 자랑스러웠던 순간 중 하나는 마침내 흰 가운을 입고 병실로 들어서던 바로 그 순간이었다. 그 순간을 고대하며 얼마 없는 돈으로 새 정장, 넥타이, 반짝거리는 구두를 샀던 기억이 난다. 열심히 공부하고 훈련을 받고 자격을 갖춘 나는 이제 막 준비를 마친 새내기 의사였다. 동원할 수 있는 모든 자부심과 전문성으로 무장한 나는 첫 번째 환자의 병실로 들어가 내 소개를 하며 호기롭게 말했다.

"제가 환자분의 담당 의사입니다."

그 환자는 나를 올려다보며 말했다.

"아, 그래요? 빌어먹을 내 마권업자를 닮았구려!"

당시 그 자리에서 그리고 그 후 수많은 자리에서 보고 느끼고 배운 것이 있다. 환자를 돌보는 데 있어 가장 중요한 것은 바로 환자의 관점이라는 것이다. 이 책을 쓰게 된 이유이기도 하다. 통상 많은 말을 하지 않는 환자들이 실은 가장 중요한 말을 우리에게 들려 줄 수 있다는 생각에 이 책을 쓰게 됐다.

살날이 얼마 남지 않은 말기 환자들에게는 딱히 얻을 만한 게 없을 것이라는 가정은 임종 과정 전반에 대한 부족한 이해를 그대로 보여 준다. 여러 면에서 볼 때, 인생의 마지막 여정은 삶의 정수를 한데 모아 가장 만족스러운 순간으로 만들어 내는 통합 과정의 정점이라 할 수 있다. 우연이든 계획적으로든 우리가 살면서 건네받은 인생의 대본을 다시 들춰 보고 고쳐 쓰는 과정이기도 하다. 죽음이 임박하면 전에 없던 새롭고 뚜렷한 관점이 생기면서 과거를 돌이켜보며 바로잡는 과정이 가속화된다. 우리 모두는 우리가 선택하지 않은 출생, 가족, 문화, 역사가 쓰인 인생 대본을 받게 된다. 그 대본에 맞춰 살아가기도 하도, 그 내용을 다시 고쳐 쓰기도 한다. 가끔은 세상을 떠나기 며칠 전에야 그 내용을 바로잡기도 한다.

나 역시 내가 만난 많은 환자들처럼 그냥 묻어 뒀던 내 이야기를 다시 써 볼까 한다. 열두 살 때 아버지의 갑작스러운 죽음을 나는 생각지도 못했고, 받아들이지도 못했다. 나는 그 갑작스러운 비극에 분노했다. 내 삶의 일부이자 내게 목적의식과 방향을 제시해 주던 롤 모델인 아버지가 한순간에 사라져 버린 비극이었다. 당시 나는 슬프다기보다는 몹시 화가 나 있었다.

지금 같으면 당시 내가 보였던 분노나 행동은 틀림없이 반항 장애라는 진단을 받았겠지만, 1970년대의 나는 '골칫덩어리'라는 꼬리표만 붙이고 다녔다. 나는 7학년 때 한 학교에서 쫓겨났고, 다른 학교에 가서는 8학년 때 낙제를 받았다. 다루기 어려운 아이가 된 나를 어머니는 군대식 기숙학교에 보낼 수밖에 없었다. 그 기숙학교는 나이 어린 부적응자들이 지내기에 여러 모로 꽤 괜찮은 곳이었다. 소설《파리 대왕Lord of the Flies》을 상상하면 된다. 하지만 그 기숙학교도 가족이 있는 집을 대신할 만한 곳은 아니었다. 나는 5년간 그곳에 머물렀고, 여름 방학에는 농장에서 일을 하며 보냈다. 그러나 아버지를 잃고 난 뒤로는 여전히 모든 게 불만이었고, 삶에서 제대로 된 교훈을 얻지도 못했다.

우연찮게 의대에 진학하고 호스피스 버펄로에서 일을 시작하면서 훨씬 더 낯선 길로 접어들게 됐다. 호스피스 버펄로에서 나는 어린 시절 이후로 기억에서 지우고자 했던 광경을 다시 마주하게 됐다. 죽음을 앞둔 환자들이 수십 년 동안 한 번도 보고 만지고 들어 본 적 없는 자신들의 어머니, 아버지, 아이에게 팔을 뻗고 손을 내밀며 소리쳐 부르고 있는 모습이었다. 나는 한참을 돌아 다시 맞닥뜨리게 된 그 상황을 이번에는 외면할 수 없었다. 내가 아닌 내 환자들이 그 일을 겪고 있었기 때문이다.

시간이 흐르면서 나는 환자들 덕분에 아버지에 대한 이야기의 결말을 다시 쓸 수 있었다. 그들은 내게 슬픔과 상실감만 안겨 줬던 이야기 속에서 삶을 긍정할 수 있는 새로운 힘을 발견할 수 있게 해 줬다.

그러나 여전히 임종 전 경험에 대한 강연을 하면서 말문이 막힐 때가 있다. 한 관객이 어김없이 내게 물을 것이다.

"그래서 당신이 말하고자 하는 바가 뭐죠?"

그 질문은 매번 나를 멈춰 세운다. 환자 입장에서 서서 내가 그들의 관점을 설명하는 것은 며칠이고 계속할 수 있지만, 내 입장에서 내 의견을 말하는 데에는 한계가 있다. 나는 임종 전 경험이 임종 과정에 어떤 영향을 미치는지, 어떻게 작용하는지, 그리고 그것이 의사인 내 접근 방식에 어떤 영향을 미치는지에 대해서는 설명할 수 있지만, 그 모든 것이 무엇을 의미하느냐는 질문을 받으면 내심 불편하고 심지어 그 자리를 피하고 싶은 마음이 든다. 그래서 강연을 마치고 나면 나는 답하기 어려운 질문을 받기 전에 "감사합니다. 안녕히 가세요."라고 인사한 뒤 강단을 서둘러 내려오곤 한다.

언젠가 한 번은 퉁명스러운 한 노신사가 나를 가로막으며 더 난감한 질문을 건넨 적도 있었다.

"죽음을 두고 이렇게 야단법석을 떠는 이유가 뭐요?"

나는 잠시 머뭇거리다가 결국 그 질문에 답하지 못했다.

사실 그 답은 내가 할 수 있는 게 아니었다. 그것은 지금도 마찬가지다. 많은 사람이 내게 듣고 싶어 하는 사후 세계나 하나님의 더 큰 계획에 대충 빗대어 설명할 수도 없는 노릇이다.

내가 환자들의 임종 전 경험을 이해하고 있다고 해서 내게 사후 세계를 논할 자격까지 주어지는 것은 아니다. 사실 나는 그런 실존적 질문들과 상관없이 임종 과정에 대해 전하고 싶은 이야기들이 있어 이 책을 쓰게 됐다. 죽음은 미스터리 그 자체로 앞으로 일어날 일을 보여 주는 징조가 아니다. 죽음의 가치를 폄하하지 말자. 죽음은 사후 세계의 서막이 아니다. 죽음을 초라하게 만들지 말자.

죽음을 앞둔 환자들의 목소리와 경험이 다른 그 무엇보다 중요하다. 내 목소리와 해석으로 그들의 이야기를 희석시킬 생각은 추호도 없다. 오히려 그들의 경험이 내게 큰 영향을 주고 영감을 줬다.

앞줄에 앉아 있던 그 통명스러운 노신사가 '왜 그리 야단법석이냐'고 물었던 질문에 대해 내가 할 수 있는 부분적인 대답은 이렇다. 죽음은 우리가 보고 경험하는 것보다 더 고통스럽다. 죽음이라는 그 명백한 비극 안에는 의미를 품고 있는 보이지 않는 과정이 존재한다. 죽음을 맞이하면서 우리는 관점과 인식의 변화를 거치게 된다. 죽음을 앞둔 사람들이 자신들의 내적 경험을 설명하기 어려워한다면, 그것은 그들의 표현력이 부족해서가 아니라 그들을 압도하는 경외심을 말로 다 담아낼 수 없기 때문이다. 죽음이 임박하면서 그들은 점점 더 강한 유대감과 소속감을 경험한다. 그들은 눈이 아닌 열린 마음을 통해 세상을 바라보기 시작한다.

그 모든 것을 통해 내가 얻은 메시지는 삶에서 가장 중요한 것들은 결코 사라지지 않는다는 것이다. 나이 든 환자들이 어린 시절에 잃었던 어머니 아버지와 재회하고, 군인들이 결코 잊히지 않는 전투에 대해 다시 이야기하고, 아이들이 자신들을 위로하기 위해 다시 돌아온 죽은 동물들과 대화를 나누고, 여성들이 오래 전에 잃은 아기들을 고이 안고 있는 모습을 보면서 그 사실을 깨달았다. 그 순간에는 모든 경계심이 사라지고, 용기가 그 자리를 메운다.

그렇게 나는 중요한 것은 보이는 것이 아니라 느끼는 것임을 깨닫는다. 시인들과 작가들이 오랜 세월을 통해 우리에게 상기시켜줬듯이, 사랑은 지속된다. 죽음이 임박하면 시간, 나이, 쇠약함은 그 자취를 감추고 삶에 대한 긍정이 대신 그 자리를 차지한다. 임종 과정을 통해 우리는 처음부터 우리를 사랑해 준 사람들, 도중에 우리 곁을 떠난 사람들, 결국 우리에게 되돌아오는 사람들과 다시 만나게 되면서 유대감과 소속감을 경험한다. 토머스 제퍼슨 Thomas Jefferson은 자신의 오랜 사랑을 이렇게 말했다.

"나이가 들면서 알게 됐다. 나는 내가 맨 처음 사랑했던 이들을 가장 많이 사랑한다."

보통 죽음을 앞둔 사람들은 한때 자신의 삶에 의미를 부여해 준 사람들과는 재회하고, 자신에게 상처를 준 사람들에 대한 기억은 지우면서 마지막 여정을 희망차게 시작한다. 죽음은 사랑과 용서가 균형을 이루는 최후의 심판이라고도 할 수 있다.

수없이 많은 죽음을 목격한 나는 '좋은' 죽음이라는 개념에 전적으로 공감하지는 못할 것 같다. 좋은 죽음 같은 것은 없고, 좋은 사람들만 있을 뿐이다. 죽음과 임종 과정은 살아온 삶의 연장선일 뿐이다. 즉 우리는 우리가 살아온 대로 죽는다. 죽음이 꼭 행복하고 선할 수는 없다. 살아온 삶이 행복이나 선과 거리가 먼 경우라면 특히 더 그러하다. 많은 사람들이 살면서 견뎌 온 비극적인 사건과 트라우마를 보면서 자주 슬픔을 느끼기도 하지만, 그 상처를 치유하기 위해 끝까지 노력하는 인간의 정신력을 보면서 끊임없이 놀라곤 한다.

이 책을 끝맺기 전에, 이 책이 어떻게 시작됐는지 되돌아 볼 필요가 있다. 간단하다. 이 책을 쓰기 위해 환자들과 가족들에게 참여 의사를 물었을 때, 단 한 명의 환자나 가족도 거절하지 않았다. 흔쾌히 참여해 준 그들에게 고마운 마음을 이루 다 표현할 길이 없다. 그런데 그들은 단순히 내 요청을 받아들인 것이 아니었다. 그들은 내가 요청했기 때문이 아니라, 자신들의 경험이 도움이 되길 바라는 마음으로 참여를 결심하게 됐다. 아무리 몸이 아파도 인간은 자신이 받은 것을 다시 돌려주기 위해 애쓴다. 사랑하는 사람을 떠나보낸 유족들도 자신들의 이야기가 다른 사람들에게 위안이 되고 도움이 되길 바라는 마음으로 눈물을 흘려 가며 참여해 줬다.

임종 과정에서 고립되거나 심지어 외로움을 느낄 수도 있지만, 보통 환자들은 자기 자신을 표현할 수 있고, 다른 사람들과 소통할 수 있으며, 여전히 존중받을 수 있는 공간에서 위안을 얻는다. 질병과의 싸움을 그만두기로 한 말기 환자들은 계속해서 싸워 나간다. 죽음에 맞서 싸우는 것이 아니라, 자신의 상황을 받아들이고 앞으로 나아가기 위해 싸운다. 그들은 공감하고 의미를 찾기 위해 마지막까지 싸운다. 그게 아니라면 왜 그들이 병상에 누워 점점 쇠약해지고 있는 상태에서 그렇게 자신들의 이야기를 나누려고 했겠는가? 그들의 이야기는 다듬어지지 않은 있는 그대로의 이야기다. 그들의 이야기에는 고통스러운 아픔에서부터 마음속에 깊이 묻어 둔 비밀, 오래 전의 사별, 다시 깨닫게 된 지혜에 이르기까지 다양한 주제가 꾸밈없이 담겨 있다.

질병과 죽음은 결국 우리로 하여금 내면을 들여다보게 만든다. 생존을 위한 투쟁과 죽음에 맞서는 본능이 우리에게 주는 정신적 유물이라 할 수 있다. 질병이 살고자 하는 우리의 욕구를 앞질러 나가기 시작하면서 변화가 나타난다. 죽음을 앞둔 사람들은 이제 자기 자신을 위해서가 아니라 타인을 위해 삶을 소중히 여기게 된다. 심지어 그들은 마지막 작별 인사를 하면서도 사랑하는 사람들을 염려한다. 그들의 이야기는 경외심을 불러

일으키고 한번 접하고 나면 계속 뇌리를 맴돌며 소중한 삶의 교훈이 된다.

이 책은 희망과 은총에 대한 이야기를 전하고는 있지만 마지막 작별이라는 주제를 통해 세상에 나오게 됐다. 이 책을 쓸 수 있도록 자신들의 이야기를 기꺼이 공유해 준 환자들과 가족들에게 고마운 마음과 존경의 마음을 전한다. 그들은 자신들의 이야기가 사람들에게 위안이 되고 도움이 될 것이라고 믿었다. 또 계속해서 그 이야기가 사람들에게 전해질 것이라고 믿었다.

헌사

내 삶을 지탱해 준 북엔드^{bookend}는 강인한 여성들이었다. 나를 키워 주신 할머니와 어머니, 그리고 내가 키운 두 딸, 그들에게 이 책을 바친다.

시대의 고난을 이겨 내면서 그 상처에도 기품을 잃지 않았던 내 할머니 바이올렛에게 이 책을 바친다. 할머니는 사람들의 어리석은 행동은 일체 용납하지 않는 분이었다. 손주들에게는 유머와 인간미 넘치는 할머니였다.

1학년 때 담임선생님이 나를 두고 "너무 큰 기대는 하지 마세요." 라고 말했을 때, 깔깔거리며 크게 웃어넘기던 어머니, 셜리에게 고마운 마음을 전한다. 그때나 지금이나 어머니는 불가능이란 없는 경이로운 삶을 사는 분이다.

세 살 때 달을 가리키며 "아빠가 만들었어?"라고 묻던 딸 바비에게 이 책을 바친다. 당시 바비는 내가 만든 게 아니라는 답을 듣고는 슬퍼했다. 그래서 나는 바비에게 더 좋은 걸 보여 줬다. 말이었다. 바비가 말 갈기를 쓰다듬었을 때, 말은 딸의 마음을 어루만졌다. 그렇게 둘은 삶의 여정을 함께 시작했다. 나는 말을 타고 있는 바비의 모습을 참 좋아하지만, 그 아이가 무엇을 하고 있든 언제나 하늘만큼 땅만큼 사랑한다.

내 딸 매디에게 이 책을 바친다. 진정한 상은 경마 대회 우승자나 경쟁에서 이긴 사람에게 돌아가는 게 아니라는 것을 우리에게 가르쳐 줬다. 착한 사람에게 수여 하는 상 같은 것은 없지만, 사실 선량한 사람들이야말로 우리의 진짜 영웅이다. 매디는 내 영웅이다.

할머니, 어머니, 그리고 두 딸, 그들이 강한 여성이라는 것은 굳이 이야기할 필요가 없었다. 나는 늘 알고 있었다.

프롤로그

"It's more than the negative": Mitch Albom, *Tuesdays with Morrie* (New York: Doubleday, 2000).

A fear of ridicule: M. Barbato, C. Blunden, K. Reid, H. Irwin, and P. Rodriguez, "Parapsychological Phenomena Near the Time of Death," *Journal of Palliative Care* 15, no. 2 (1999): 30– S. Brayne, C. Farnham, and P. Fenwick, "Deathbed Phenomena and Their Effect on a Palliative Care Team: A Pilot Study," *American Journal of Hospice and Palliative Care* 23, no. 1 (2006): 17– 4; Peter Fenwick and Sue Brayne, "End-ofLife Experiences: Reaching Out for Compassion, Communication, and Connection- eaning of Deathbed Visions and Coincidences," *American Journal of Hospice and Palliative Care* 28, no. 1 (2011): 7– 5; S. Brayne, H. Lovelace, and P. Fenwick, "EndofLife Experiences and the Dying Process in a Gloucestershire Nursing Home as Reported by Nurses and Care Assistants," *American Journal of Hospice and Palliative Care* 25, no. 3 (2008): 195– 06.

This widespread inattention further isolates the dying: Clara Granda- ameron and Arlene Houldin, "Concept Analysis of Good Death in Terminally Ill Patients," *American Journal of Hospice and Palliative Care* 29, no. 8 (2012): 632– L. C. Kaldjian, A. E. Curtis, L. A. Shinkunas, and K. T. Cannon, "Goals of Care Toward the End of Life: A Structured Literature Review," *American Journal of Hospice and Palliative Care* 25, no. 6 (2008): 501– 1; William Barrett, *Deathbed Visions* (Guildford, UK: White Crow Books, 2011).

Woman who died in childbirth: Barrett, *Deathbed Visions*.

Being Mortal begins: Atul Gawande, *Being Mortal: Medicine and What Matters in the End* (New York: Macmillan, 2014).

When Breath Becomes Air: Paul Kalanithi, *When Breath Becomes Air* (New York: Random House, 2016).

"To get the 'I' out of the experience": Alan Watts, *The Wisdom of Insecurity: A Message for an Age of Anxiety* (New York: Vintage Books, 1951).

"I will not say that one should *love* death": Rainer Maria Rilke, "Letter to Countess Margot Sizzo, January 6, 1923," in *Letters of Rainer Maria Rilke, vol. 2, 1910- 926*, trans. Jane Bannard Greene and M. D. Herter Norton (New York: W. W. Norton, 1947), 316.

1장 ──── 그곳에서 이곳으로

Half of all dying patients visit: A. Smith, E. McCarthy, E. Weber, I. S. Cenzer, J. Boscardin, J. Fisher, and K. Covinsky, "Half of Older Americans Seen in Emergency Department in Last Month of Life; Most Admitted to Hospital, and Many Die There," *Health Affairs* 31, no. 6 (2012): 1277- 5.

"Today, healing is replaced with treating": Bernard Lown, *The Lost Art of Healing: Practicing Compassion in Medicine* (New York: Ballantine, 1999).

"The secret for caring for the patient": Francis Peabody, "The Care of the Patient," *Journal of the American Medical Association* 88, no. 12 (1927): 877- 2.

2장 ──── 서투른 시작

Clinically based papers on the subject: Karlis Osis, *Deathbed Observations by Physicians and Nurses* (New York: Parapsychology Foundations, 1961); Karlis Osis and Erlendur Haraldsson, *At the Hour of Death* (Norwalk, CT: Hastings House, 1997); P.

Fenwick, H. Lovelace, and S. Brayne, "Comfort for the Dying: Five Year Retrospective and One Year Prospective Studies of End of Life Experiences," *Archives of Gerontology and Geriatrics* 51, no. 2 (2010): 173– A. Kellehear, V. Pogonet, R. Mindrutatratan, and V. Gorelco, "Deathbed Visions from the Republic of Moldova: A Content Analysis of Family Observations," *Omega* 64, no. 4 (2011– 012): 303– 7; Brayne, Lovelace, and Fenwick, "EndofLife Experiences and the Dying Process" M. Lawrence and E. Repede, "The Incidence of Deathbed Communications and Their Impact on the Dying Process," *American Journal of Hospice and Palliative Care* 30, no. 7 (2012): 632– Brayne, Farnham, and Fenwick, "Deathbed Phenomena and Their Effect on a Palliative Care Team."

Patients with delirium: American Psychiatric Association, *Diagnostic and Statistical Manual of Mental Disorders*, fifth edition (Washington, DC: American Psychiatric Association, 2013).

These experiences differ most from hallucinations or delirium: Brayne, Lovelace, and Fenwick, "EndofLife Experiences and the Dying Process" James Houran and Rense Lange, "Hallucinations That Comfort: Contextual Mediation of Deathbed Visions," *Perceptual and Motor Skills* 84, no. 3, pt. 2 (1997): 1491– 04; April Mazzarinoillett, "Deathbed Phenomena: Its Role in Peaceful Death and Terminal Restlessness," *American Journal of Hospice and Palliative Care* 27, no. 2 (2010): 127– 3; Fenwick and Brayne, "EndofLife Experiences."

3장 ——— 병상에서 바라본 세상

arge- cale examination of the experiences of dying patients: Osis and Haraldsson, *At the Hour of Death*.

They too used surveys and case analyses: Peter Fenwick and Elizabeth Fenwick, *The Art of Dying: A Journey to Elsewhere* (London: Bloomsbury, 2008).

To document endoflife experiences as told by patients: C. Kerr, J. P. Donnelly, S. T. Wright, S. M. Kuszczak, A. Banas, P. C. Grant, and D. L. Luczkiewicz, "EndofLife

Dreams and Visions: A Longitudinal Study of Hospice Patients' Experiences," *Journal of Palliative Medicine* 17, no. 3 (2014): 296– 03.

In another study, we identified distinct thematic categories: C. Nosek, C. W. Kerr, J. Woodworth, S. T. Wright, P. C. Grant, S. M. Kuszczak, A. Banas, D. L. Luczkiewicz, and R. M. Depner, "EndofLife Dreams and Visions: A Qualitative Perspective from Hospice Patients," *American Journal of Hospice and Palliative Care* 32, no. 3 (2015): 269– 4.

Confirmed the role that pre- eath dreams and visions play in post- raumatic growth: K. Levy, P. C. Grant, R. M. Depner, D. J. Byrwa, D. L. Luczkiewicz, and C. W. Kerr, "EndofLife Dreams and Visions and Posttraumatic Growth: A Comparison Study," *Journal of Palliative Medicine* (forthcoming).

4장 ──── 마지막 유예

18 percent of endoflife dreams among our study patients were distressing in nature: Levy et al., "EndofLife Dreams and Visions and Posttraumatic Growth."

With a description of both comforting and upsetting dreams: Jan Hoffman, "A New Vision for Dreams of the Dying," *New York Times*, February 2, 2016.

5장 ──── 사는 대로 죽는다

Shocking adoption of the tenets of American eugenics by state schools: Michael D'Antonio, *The State Boys Rebellion* (New York: Simon & Schuster, 2005).

6장 ──── 사랑은 한계를 모른다

"Medical science has rendered obsolete centuries of experience": Gawande, *Being Mortal.*

8장 ──── 서로 다름에 관하여

"This is the essence of magic": Franz Kafka, *The Diaries of Franz Kafka, 1910– 923* (New York: Knopf Doubleday, 1988).

9장 ──── 남겨진 사람들에게

The moving tribute his wife wrote: Kalanithi, *When Breath Becomes Air*, epilogue.

Effect of end-of-life dreams on the grieving family: T. Morita, A. S. Naito, M. Aoyama, A. Ogawa, I. Aizawa, R. Morooka, M. Kawahara, et al., "Nationwide Japanese Survey About Deathbed Visions: 'My Deceased Mother Took Me to Heaven,' " *Journal of Pain and Symptom Management* 52, no. 5 (2016): 646– 4.

Influenced their overall grief journey: P. C. Grant, R. M. Depner, K. Levy, S. M. LaFever, K. Tenzek, S. T. Wright, and C. W. Kerr, "The Family Caregiver Perspective on EndofLife Dreams and Visions During Bereavement: A Mixed Methods Approach," *Journal of Palliative Medicine* (forthcoming).

10장 ──── 꿈의 해석 그 너머에

Suggest that it is not always imperative for patients to interpret their pre- eath dreams: Kelly Bulkeley and Patricia Bulkley, *Dreaming Beyond Death: A Guide to Pre- eath Dreams and Visions* (Boston: Beacon Press, 2005).

Mobilizes humanity's capacity for imagination and transformation: Susan Sontag, *Against Interpretation* (New York: Farrar, Straus and Giroux, 1966).

"Though we seem to be sleeping": Jalā.l alDī.n Rū.mī., *The Essential Rumi*, trans. Coleman Barks (San Francisco: Harper, 1995).

spiritual experience of connectivity as a "loose electrical connection": Monika Renz, *Hope and Grace* (London: Jessica Kingsley, 2016).

"We live our lives in our families": Kerry Egan, "My Faith: What People Talk About Before They Die," *Belief* (blog), CNN.com, January 28, 2012, http:// religion.blogs. cnn.com/ 2012/ 01/ 28 / myfaith- hat- eople- alk- bout- efore- hey- ie.

누구나 죽기 전에
꿈을 꾼다

1판 1쇄 인쇄 2020년 9월 9일
1판 1쇄 발행 2020년 9월 16일

지은이 크리스토퍼 커, 카린 마르도로시안
옮긴이 이정미

발행인 양원석 **편집장** 최혜진 **책임편집** 송보배
디자인 남미현, 김미선 **해외저작권** 박성아 **영업마케팅** 윤우성, 박소정

펴낸 곳 ㈜알에이치코리아
주소 서울시 금천구 가산디지털2로 53, 20층 (가산동, 한라시그마밸리)
편집문의 02-6443-8893 **도서문의** 02-6443-8800
홈페이지 http://rhk.co.kr
등록 2004년 1월 15일 제2-3726호

ISBN 978-89-255-9339-5 (03100)

※ 이 책은 ㈜알에이치코리아가 저작권자와의 계약에 따라 발행한 것이므로
본사의 서면 허락 없이는 어떠한 형태나 수단으로도 이 책의 내용을 이용하지 못합니다.

※ 잘못된 책은 구입하신 서점에서 바꾸어 드립니다.

※ 책값은 뒤표지에 있습니다.